Poetas, crianças e criminalidade...

... sobre Jean Genet

Poetas, crianças e criminalidade...

... sobre Jean Genet

Alba Flesler
Claudio Martyniuk
Fernando Sabsay
Isidoro Vegh

TRADUÇÃO
André Luis de Oliveira Lopes

EDITOR
José Nazar

Companhia de Freud
editora

Título Original
De poetas, niños y criminalidades

Direitos de edição em língua portuguesa adquiridos pela
EDITORA CAMPO MATÊMICO

Capa
"Deux Saltimbanques avec un chien", de Pablo Picasso

Editoração Eletrônica
Victoria Rabello

Tradução
André Luis de Oliveira Lopes

Revisão
Sandra Regina Felgueiras

Editor Responsável
José Nazar

Rio de Janeiro, 2005

FICHA CATALOGRÁFICA

P798

Poetas, crianças e criminalidade... : sobre Jean Genet / Alba Flester... [et al.]; tradução: André Luis de Oliveira Lopes; editor: José Nazar. – Rio de Janeiro: Companhia de Freud, 2005.

82 p.; 23cm.

ISBN 85-85717-92-0

1. Genet, Jean, 1910-1986. L'enfant criminel. 2. Delinqüência juvenil. 3. Psicanálise do adolescente. I. Flesler, Alba. II. Nazar, José.

CDD-155.5

Companhia de Freud
editora

Endereço para Correspondência
Rua Barão de Sertório, 57 – 6º andar
Tel.: (21) 2293-7166
Rio Comprido – Rio de Janeiro
Cep 20.261-050
e-mail: ciadefreud@ism.com.br

Índice

Quando lemos o pequeno texto de Genet[1] *nos foi impossível ficar a sós com ele. Surgiu a necessidade de pensá-lo, comentá-lo e fazer brotar algo de sua leitura. Torná-lo público. Fizemos isso colocando-o em discussão, convidando outros a lê-lo e a criar algo a partir dele.*

Lê-lo nos provocou emoções produzidas pelo testemunho da escrita quando fornece uma explicação da constituição subjetiva. Não pudemos deixá-lo na escuridão sem palavras. Respondemos ao apelo da experiência que teceu seus impasses e evitamos a resposta ao chamado do Mal.

No momento oportuno Genet apresentou aqueles que não quiseram lhe responder: o juiz, o psiquiatra e o policial. As figuras não são sempre as mesmas, mas têm sempre as mesmas insígnias. Um chamado sob a forma de convite e, para Genet, uma vez mais o jogo da aceitação e da rejeição é o motivo desta carta nascida para ser lida e, mais tarde, transposta à ordem do escrito[2].

As instituições que instauram as formas de sujeição repudiam aquilo que não se configura segundo os cânones normativizadores. Se se convida um ladrão e um pederasta é para que expliquem a sua conversão à ordem, o seu arrependi-

---

1 Genet, Jean, *L'enfant criminel.* Paris, L'Arbalette, 1956. A partir daqui as citações estarão de acordo com essa edição francesa. A tradução de todos os fragmentos nos pertence.

2 "A rádio francesa havia me oferecido um de seus programas intitulados 'Carta Branca'". "Aceitei para falar da infância criminosa. Meu texto, aceito então pelo senhor Fernand Pouney, foi por fim rejeitado".

mento. Mas Genet não responde do lugar onde é colocado e faz de sua diferença uma insígnia, transformando-a em sua própria identidade. Situa-se em "outra cena" desde a qual não renega o seu mal. Começa este trabalho mencionando a emoção que o toma[3]*. Emoção, não é o modo como se experimenta o próprio corpo no mundo? Modo simbolizado por essas "entonações roucas", que indicam o subterfúgio que lhe permite escrever seu nome e depois apagar-se nele.*

A escrita de Genet é convocadora, ele mesmo se mostra em um para além do lugar do qual se quer destituí-lo. É preciso lê-lo pela enunciação, que é, definitivamente, o que conta[4]*.*

Uma dupla negação precede o escrito que foi convidado a ler: não pode falar em um microfone nacional, as instituições não querem responder as suas perguntas. Genet quer sair do lado dos interrogados e passar para o lado dos interrogadores. Não há tal lugar. É uma utopia. Então publica o escrito. Desafio através do qual o íntimo, impossível de dizer, se faz traço e aparece sob a forma de um texto, trama que permite a emergência de um sujeito e dos múltiplos apelos ao outro. Ele, que foi considerado uma ameaça, resiste a ser instrumentalizado. E, pela via da letra, alcança um triunfo verbal.

Hoje, tornamos público esse texto mantendo a aposta genetiana. Como dissemos, nós o fazemos pela mão da emoção.

---

[3] "Efetivamente, não conheço outro critério da beleza de um ato, de um objeto ou de um ser além do canto que suscita em mim e que traduzo em palavras para comunicá-lo a vocês: é o lirismo.
Ao invés de orgulho, experimentei vergonha. Quis fazer escutar a voz do criminoso. Não o seu lamento, mas seu canto de glória. Uma vã preocupação de ser sincero não me impede de ser fiel à exatidão dos fatos, mas obediente às entonações um pouco roucas, as únicas que poderiam dizer minha emoção, minha verdade, a emoção e a verdade de meus amigos".

[4] "Os jornais se espantaram que um estúdio estivesse à disposição de um ladrão – e de um pederasta. Não posso falar em um microfone nacional. Repito que me envergonho. Não obstante, teria permanecido na noite, na madrugada, e retornado às trevas das quais me esforcei tanto para sair. O discurso que lerão foi escrito para ser escutado. Publico-o, apesar de tudo, sem a esperança de que seja lido por aqueles que amo. Na rádio, seria precedido de uma série de perguntas – feitas por mim – a um juiz, a um diretor de penitenciária e a um psiquiatra oficial. Todos se negaram a participar.

Introdução

> "Passamos o tempo fugindo do objetivo para o subjetivo e do subjetivo para a objetividade. Este jogo de esconder só chegará ao seu fim quando tivermos a valentia de alcançar nossos próprios limites nas duas direções ao mesmo tempo. Nesse momento devemos descobrir o sujeito, o culpado, esse monstruoso inseto desgraçado em que temos o potencial de nos transformar a qualquer momento. Genet nos apresenta o espelho: devemos nos contemplar nele e nos reconhecer".
>
> SARTRE, *Saint Genet comediante e mártir.*

> "Que se entenda bem e desculpem a minha *emoção*[5] quando expuser uma aventura que também foi a minha. Ao mistério que vocês são me é necessário opor e desvelar o mistério dos presídios para crianças".

Do mistério não há explicação. Não obstante, Genet consegue separar algo dessa humanidade dos presídios, do cárcere, da rua inóspita ou daquela concentrada nos campos. Seu dizer está em consonância com a segunda guerra mundial e uma certa visão da Europa. É necessário, no sentido forte da maneira de ser, que indica o contraditório do que é meramente possível, dar à luz o que se esconde na instituição correcional. Aqui,

[5] O destaque é nosso.

Genet convoca a responder: quem administra as cidades dos homens, nossas cidades? Há nessa escrita um fundamento moebiano entre o corpo e as cidades, o isolamento e a expulsão, o dentro e fora das fronteiras que delimitam territórios, nações e estados. Genet quer penetrar, ultrapassar os domínios do estado soberano.

> "Dispersos na campina francesa, com freqüência nas mais elegantes, há alguns lugares que não deixam de me fascinar. São as casas de correção, cujos nomes oficiais e demasiado refinados são agora: 'Patronato de restabelecimento moral', 'Centro de reeducação', 'Casa de recuperação da infância delinqüente', etc. A mudança de nome é um sinal. A expressão 'Casa de correção' e algumas poucas 'Penitenciárias', que se tornaram uma espécie de nome próprio, ou, ainda mais precisamente, designam um lugar ideal e cruel situado muito profundamente no coração da criança, foram portadoras de uma violência que os educadores procuraram enfraquecer".

Em lugar de uma filosofia da história, Genet recorre ao Nome Próprio da instituição e seu correlato na constituição subjetiva. Fala do poder de um nome portador da violência que os educadores infligem sobre essa materialidade que lhes opõe resistência. Rousseau ainda se perguntava: a quem educar (ao cidadão ou ao indivíduo)? Como se suporta a união do que o Estado moderno divide? Quais são as figuras admissíveis da consciência? Com Genet já podemos nos perguntar: que subjetividades inaugura? Como a pretensão totalitária de fazer Um se encoleriza com a divisão e converte os indivíduos em massa da simples história?

Sade, Masoch, mais tarde Genet e outros dão conta, com sua escrita e na carne do seu ser, de uma enfermidade "não mortal" que é mais da história do que da consciência. A ironia e o humor da pólis clássica, que regulam a formulação das leis, foram superados recentemente, agora há a possibilidade de fundamentar a lei no Bem, não a aprovação do justo em função do Melhor. Quando a indeterminação da lei é o que resta, "em um ponto preciso do espaço" nascem novas enfermidades históricas de uma alma que é declarada incerta.

> "Não obstante, espero que as crianças reconheçam secretamente o nome da penitenciária ou da prisão, apesar dos termos reveladores de uma higiene

muito idiota. A não ser que agora eles as situem mais em uma região moral do que em um ponto preciso do espaço.
Seria estúpido atacar o nome acreditando que mudaria a idéia da coisa nomeada, posto que esta coisa é, se me atrevesse a dizê-lo, vivente: faz-se exclusivamente pelo movimento, pelo ir e vir do elemento mais criador: as crianças delinqüentes. Ou criminosas. Quero dizer ainda que este lugar do mundo que porta os nomes citados mais acima tem seu reflexo, sua melhor imagem, sua residência na alma das crianças. Retomarei essa idéia a qualquer momento".

É dessa "coisa" que se fala, coisa que não pode ser assimilada a uma filosofia da história. Não se trata da luta pelo reconhecimento cara à fenomenologia hegeliana. Trata-se da morte no real, de como a morte intervém na existência.

Ainda que seja só um nome que identifica um espaço, ainda que sejam sentidos sem referências, ainda que os nomes não sejam nada, surgirão para Genet como a projeção do destino.

O lugar das instituições é o de um ser no mundo, mais ainda, é o do mundo, mas seu correlato é a alma das crianças, que é de outro lugar. Os interrogadores reconhecem no nome uma ordem moral. Por isso modificam-no. Mas Genet responde. Mesmo que esse nome seja expulso da história, iniciará um destino, um *fatum* para aqueles que são forçados a ser outros, depois de terem sido humilhados em seu ser.

Genet se esforça para introduzir a natureza do *ato* daqueles a quem ama. A natureza do ato e não do criminoso. Acusa de superficialidade àqueles que propõem diminuir o rigor da lei. A injustiça da lei é o que mais se teme e o ato "criminoso" ajuda a sua realização. Não é necessário suavizar o que está no coração das crianças. Essa é sua marca...

Fracassam porque buscam o castigo onde o tribunal as absolve? A pergunta é: a paixão pelo crime pode ser contida pela lei?

Sadismo, masoquismo, perversões que necessitam das instituições, que modificam diabolicamente. Ou melhor, pervertem os rituais do poder mediante a ridicularização dos contratos e das liturgias da posse. Como a criança criminosa que se vê projetada no corpo da penitenciária e demanda aos juízes, policiais, agentes penitenciários que cumpram os rituais do poder. Criancinhas que oferecem um corpo onde exercer o propósito educador, mas com a condição de que o rigor seja cada vez maior.

> "Saint-Maurice, Saint-Hilaire, Belle-Isle, Eysse, Aniane, Montesson, Mettray, eis aqui alguns nomes que possivelmente não significam nada para vocês. Na cabeça de cada criança que acaba de cometer um delito ou um crime, eles são a projeção, por um tempo definitivo, de seu destino".

Pode haver futuro, mas para a criança criminosa o tempo é destino.

> "Fui condenado até os vinte e um, dizem. Dizendo isso, atingem a maioridade antes do tempo cronológico.
> Cometem um erro (voluntariamente), posto que a conclusão do tribunal que os julga é: 'Absolvido por ter agido sem discernimento e confiado, até a maioridade, a uma instituição de correção de menores...'. Mas o jovem criminoso já recusa a indulgente compreensão e os cuidados de uma sociedade contra a qual acaba de se rebelar cometendo o seu primeiro delito. Tendo adquirido aos quinze ou dezesseis anos, ou talvez antes, uma maioridade que as boas pessoas ainda não terão nem aos sessenta, despreza a sua bondade. Exige que sua punição não seja suave. Exige que os termos que a definem sejam o signo de uma crueldade maior. Com certa vergonha, a criança confessa que foi absolvida ou condenada a uma pequena pena. Deseja o rigor. Exige-o. Guarda dentro de si o sonho de que o castigo tome a forma de um inferno terrível e de que a casa de correção seja um lugar do mundo de onde não se retorna. Está certo, não se retorna. Sai-se, sendo outro. Atravessou-se uma fogueira. E os nomes que citei há pouco não são quaisquer: estão cheios de sentido, de um peso de terror que os meninos ainda exageram. Estes nomes serão a prova de sua violência, de sua força, de sua virilidade. Pois é isso que as crianças vão conquistar. Exigem que a experiência seja terrível. A fim de consumar uma imperiosa necessidade de heroísmo".

Genet atribui um nome ao lugar ideal: Mettray, o paraíso perdido. Dali se sai sendo outro e se conquista a virilidade. Genet repete esses nomes e os dá àqueles com quem se identifica. É um dom, pois, como do Estado, não se entra nem se sai à vontade.

O heroísmo consiste em ter um nome para desafiar o lugar que lhes foi negado. Com uma retórica que, pelo desvio de uma figura de linguagem, toma posse de uma referência negada. Dupla negação: nego que não sou, por isso me aproprio de um nome e faço um canto de glória do que querem que faça um lamento, um esquecimento, um nome vazio.

> "Na minha juventude, Mettray estava entre os nomes mais conceituados: sob os golpes de um generoso imbecil, Mettray desapareceu. Creio que hoje é uma colônia agrícola. Não obstante, era um lugar severo. Depois de sua chegada a esta fortaleza de lauréis e de flores – pois Mettray não estava fechada por muralhas –, o jovem fora da lei, que a partir desse instante recebe o nome de colono, era o objeto de mil cuidados destinados a provar seu fracasso criminoso. Era preso em uma cela totalmente pintada de preto (inclusive o teto). Em seguida, vestia um uniforme, célebre na região pelo que evocava de espanto e de desonra. Depois, e durante a sua permanência, o colono conhecia outras provas: as brigas, algumas vezes mortais, que os carcereiros não interrompiam, as redes dos dormitórios, os silêncios durante o trabalho e as refeições, orações ridiculamente pronunciadas, os castigos de quartel, os troncos, os pés esfolados, a caminhada ao sol a passos cadenciados, a tigela de água gelada, etc. Sabíamos que em Mettray, como dizem os rumores, isso correspondia ao suplício dos poços em Belle-Isle, à fossa, ao buraco, à tigela vazia, ao calabouço, ao jogo das latrinas, à sala de disciplina em outras colônias".

Esse nome vazio é preenchido pelo "jovem fora da lei". Era "objeto" do tratamento que lhe era infligido, mas nenhum golpe podia provar uma "natureza originária", criminosa. Negar ou apagar o ato é o que a legalidade institucional parece querer. E eludir o reconhecimento – não matar o sujeito – é o que os educadores intentam ao torná-lo outro através da educação. A impossibilidade da reciprocidade exige o apagamento de seu ato.

Mas se a criança criminosa se torna adulta é pelo fato de se sustentar em todos os atos de violência, cuja função é escrever que não têm nome. Mettray é o nome da Ítaca de Genet. Ítaca como o retorno ao lugar da mesmice para Ulisses. Com esse nome Genet traz o movimento da repetição, a infância é a pátria das crianças criminosas e a ela não se pára de retornar. Essa é a repetição genetiana. Mas também é o lugar instituído por uma humanidade – a dos interrogadores – na qual o outro (já não é o espelho que reflete nossa imagem) se espacializa para chegar à sua expulsão.

> "Os colégios, as escolas, os liceus têm uma disciplina que pode parecer severa, inclusive impiedosa com as naturezas sensíveis. Nós respondemos que o colégio não é feito pelas crianças: é feito para elas. Quanto às penitenciárias, são a projeção lisa e rasteira, no plano físico, do desejo de severidade incutido no coração dos jovens criminosos. Estas crueldades que eu enumerava, não as imputaria aos diretores nem aos agentes penitenciários: não eram mais que os testemunhos atentos, ferozes inclusive, mas conscientes de seu papel de adversários. Estas crueldades deviam nascer e se desenvolver necessariamente desde o ardor das crianças pelo mal.
> (O mal: nós entendemos bem essa vontade, essa audácia de perseguir um destino contrário a todas as regras). A criança criminosa é aquela que forçou uma porta que vai dar num lugar proibido. Quer que esta porta se abra para a mais bela paisagem do mundo: exige que o presídio que mereceu seja feroz. Digno, enfim, do mal ao qual se entregou para conquistá-lo".

Genet já fez sua metamorfose quando escreve dando voz à criança criminosa. Escreveu seu próprio nome perseguindo um destino contrário a todas as regras. Se o sujeito busca se constituir rebelando-se contra elas, é porque o mal foi forjado no revés do ideal kantiano que regula a figuração de um sujeito que exige a apatia do outro que castiga. E recusa o pouco de severidade. Explica-se a vontade posta em jogo, a dedução genetiana de uma faculdade prática. Cumprimento do dever de perseguir um destino contrário a todas as regras.

> "Depois de certo tempo, os homens de boa vontade tratam de trazer alguma doçura a tudo isso. Esperam – e algumas vezes conseguem – ganhar as almas para a sociedade. Fazer-nos, dizem eles, entrar no caminho correto. As reformas felizmente são superficiais. Não modificam mais do que a forma".

Genet debocha das belas almas, do bom cidadão partidário da pena de morte que Sartre descreve no final do seu *Saint Genet*. Almas puras de uma ordem moral construída com a força daquilo que expulsa. O lamento que proferem quando se crêem vítimas se torna *unheimlich*, estranho. Porque a carne de presídio foi gerada por essa Ordem para sua própria permanência.

> "Mas o que fizeram? Deram outro nome ao agente penitenciário: zelador. Vestiram-no com um uniforme que deve lembrar um pouco o dos carcereiros. São obrigados a usar menos a violência física e o insulto e são proibidas as agressões. Dentro desse Reformatório a disciplina é menor. É dada aos que são chamados reeducandos a possibilidade escolher um ofício. Têm mais liberdade no trabalho e na brincadeira".

Restituição à linguagem do bem: "As crianças podem falar entre si, abordar os vigilantes ou o diretor!". Às atividades do bem: "O esporte é incentivado. As equipes de futebol de Saint-Hilaire enfrentam as equipes dos bairros vizinhos".

Busca-se a confirmação da sua participação: "e os jogadores se deslocam sozinhos, algumas vezes, de um bairro para outro". E a atenção que deve dar-se à opinião pública: "No reformatório, a impressa é tolerada. Um jornal é escolhido, não obstante, purificado".

Propõe-se uma alimentação humana: "Toma-se chocolate aos domingos pela manhã". Mas sua língua é proibida e a palavra interditada, que não pode ser dita, "dá a medida da eficácia destas reformas: a gíria está exilada".

Isso é chamado de "acordo". "Se acorda com os jovens criminosos uma vida próxima da vida mais banal".

Contradizendo todo o poder bíblico da criação, "essa vida" que já não se sustenta no plural como em hebraico "é chamada regeneração".

O monolingüismo afetaria as crianças, por isso a gíria é proibida. Que falem a língua que pode constituí-los como culpados.

Genet sabe, como Freud ou como Nietzsche, que a crueldade não tem contrário, que está ligada à essência da vida e à vontade de poder. Recordemos que o sujeito que Genet se tornou dependia – diz Sartre – desse poder que sujeita só pelo fato de nomear. Você é um ladrão! Foi o apelo ao qual Genet respondeu com sua constituição subjetiva, submetendo-se ao chamado.

Caráter paradoxal do submetimento, pois:

> "A sociedade quer eliminar, tornar inofensivos os elementos que tendem a se corromper. Parece que se quer diminuir a distância moral entre a culpa e o castigo, ou melhor, a passagem da culpa à idéia de castigo. Esse intento de castração corre por conta própria. Não me revolta muito".

Nem todos os exercícios de poder revoltam Genet, o empreendimento da castração não o revolta. O destino se interioriza se não for possível desenhar a resposta à pergunta "quem é você?". O que não é expresso fica no interior de cada criança.

> "Está certo, se os colonos de Saint-Hilaire ou de Belle-Isle levam uma vida aparentemente semelhante à de uma escola de iniciantes, não podem não saber o que os reúne ali, nesse lugar particular: é o mal. E por ser mantida em segredo, não expressa, esta razão insufla a intenção de cada criança".

Agora é a sua vez de enumerar os elementos do poder das crianças criminosas; em primeiro lugar:

> "Os colonos substituíram a gíria habitual que lhes é proibida por outra, ainda mais sutil e que, por um mecanismo que não posso explicar nesse microfone, se une com a gíria de Mettray. Em Saint-Hilaire, alguém com quem havia me familiarizado me disse um dia: 'Quando te disse que o companheiro estava salvo, não diga ao diretor que disse que ele foi embora'[6]. Deixou escapar a palavra. É a mesma que empregávamos em Mettray para falar do rapaz que foge, se salva, que corre no bosque como um bicho"[7].

Genet explica como se orienta a inscrição de si mesmo perante a língua proibida:

> "Eu tinha de fato uma linguagem secreta mais selvagem do que a que se queria abolir, e me pergunto se não servia para expressar os sentimentos mais cuidadosamente ocultos".

---

[6] *Biché*, correr como um bicho, escapar. Gíria (Nota do tradutor para o espanhol).

[7] *Courrer dans les bois comme une biche*. Escapar como um bicho (Nota do tradutor para o espanhol).

Se o monolingüismo é a soberania do outro, esta soberania se expressa na lei da língua que há que falar[8].

> "Os educadores têm a ingenuidade de um salvador de almas e sua bondade da alma. Certo dia, o diretor de um dos Reformatórios me mostrava, em seu escritório, uma coleção de armas da qual parecia orgulhoso: duas dezenas de navalhas retiradas dos meninos[9].
> Disse-me: Senhor Genet, a Administração me obriga a retirar estas navalhas. Eu obedeço. Mas veja. Quer me dizer se são perigosas? São de lata. Lata! Com isso não se pode matar ninguém.
> Ignorava que, ao desviar-se de seu destino prático, o objeto se transforma, torna-se um símbolo? Inclusive sua forma se modifica, diz-se que se estiliza. Assim, atua silenciosamente, comete os mais terríveis estragos na alma das crianças. Sepultado em um colchão à noite, ou escondido no forro de uma jaqueta ou de uma calça – não para maior comodidade, mas com o intuito de que esteja próximo do órgão do qual é o símbolo profundo – é o signo mesmo do assassinato que a criança não cometerá efetivamente, mas que fecundará seus sonhos e a dirigirá, espero, para as manifestações mais criminosas. Para que serve que lhes seja retirado? A criança elegerá como signo do assassinato outro objeto de aparência mais benigna e, se não lhe for roubado, guardará consigo, preciosamente, a imagem mais clara da arma".

Genet sabe que a ferramenta, o instrumento, é a própria vida enquanto produção e que na exclamação do diretor não havia nem um pingo de reconhecimento desse fato.

> "O mesmo diretor me mostrou a equipe de escoteiros que formou para recompensar as crianças mais dóceis. Vi uma dezena de rapazinhos hipócritas e feios que repousavam deitados, presos na armadilha das boas intenções. Cantaram músicas ridículas, que estão longe de ter a potência de evocação das canções sentimentais ou obscenas que se canta à noite nos dormitórios e nas celas. Olhando para esses doze rapazes era claro que

[8] La lengua de la ley y la ley como lengua, cf. Derrida J., *El monolingüismo del otro*, Manantial, 1997.

[9] *Gosses*. Expressão da gíria. (Nota do tradutor para o espanhol).

nenhum deles tinha sido designado, escolhido para compartilhar uma expedição audaz, mesmo que fosse apenas imaginária. Mas, dentro da Penitenciária, e a despeito de seus educadores, eu sei que existiam grupos, ou melhor, bandos cujo laço, cuja trama aglutinadora eram a amizade, a audácia, a astúcia, a insolência, o prazer da preguiça, no rosto dos quais um ar simultaneamente sombrio e jubiloso, esse gosto pela aventura contra as regras do Bem".

A palavra vertiginosa, como a denomina Sartre, que rasga o véu e faz com que a luz se faça ali onde não havia sujeito. Em que consiste o submetimento senão nessa dependência fundamental em relação ao que escolhemos e que nos convocará a escolher o que estava marcado de antemão como única saída?

A posteriori, a soberania. Primeiro a alternativa é a mais feroz, o próprio sempre é suscitado a posteriori. O giro sobre si é a única possibilidade, duplo giro que articula a negação do nada. O espaço interno deriva de uma instância constituinte. E nem Genet, nem sujeito algum pode escolher o significado de uma marca que é puro significante e como tal golpeia a carne para fazer dela corpo. Seja apelo ou produtividade discursiva, nasceu um efeito da palavra pelo fazer de uma voz. Não obstante, Genet se desculpa:

> "Peço desculpas por empregar uma linguagem aparentemente tão pouco precisa como a minha. Vocês consideram que procuro definir uma atitude moral e justificá-la" – quando, como escritor, se empenha em "interpretar" uma atitude moral: "Reconheço, sobretudo, querer interpretá-la e fazê-lo contra vocês".

A que poder da linguagem apelam os que estão do lado da boa sociedade e da ordem? Genet o descobre:

> "Mas vocês não seriam os primeiros a falar da Potência das trevas, do Obscuro poder do Mal? Não temem a metáfora quando sabe convencer".

E redobra sua capacidade de interlocução através de sua escrita:

"Porém faço dela um emprego mais eficaz".

Fala do que não se pode nomear e daqueles que tentam fazer dessa ausência uma presença: as crianças criminosas.

> "... falar dessa parte sombria do homem que não se pode explorar, com a qual alguém não pode se comprometer mais do que se for aparelhado, se for pintado, se for recheado, se for coberto com todos os ornamentos da linguagem".

A parte obscura do homem é a única que o faz homem. Do contrário fica somente a transparência da lei. As belas almas que se crêem identificadas com a ordem moral querem excluir o "objeto patológico" que é o sujeito colocado na paixão do mal. Exclui-se o que não está de acordo com a moralidade da luz. Mas, como Genet percebe, sua subjetividade e a dessas crianças nas quais se ama são, precisamente, essa desgraça de incerteza, preguiça, contingência, inclinações e paixões tumultuadas que o carrasco deve abolir por puro respeito à lei e no cumprimento do dever. As almas puras se vêem obrigadas a castigar a criança, proibindo-lhe de ser desejante e sacrificando-a no altar da lei que construíram desde sempre para ela.

> "Mas sobretudo quando se trata de fazer o Bem – notemos que distingo muito rapidamente o Bem do Mal, e de fato são categorias que vocês só podem distinguir mais tarde; não obstante, é ainda a vocês que me dirijo, lhes concedo esta gentileza, se se empreende – diz – fazer o Bem, sabe-se aonde se vai e o que é o Bem, e que a sanção será benéfica. Quando é o Mal, não se sabe ainda de que se fala. 'Mas eu sei que ele é o único que pode suscitar sob a minha pena o entusiasmo verbal, signo da adesão de meu coração'".

Genet transpôs a si mesmo e sua vitória verbal não é a que queria a boa consciência. Um criminoso é alguém que é culpado e quer sê-lo mais, que debocha dos direitos e deveres. Têm que refletir o mau objetivo. Não é a morte sentida o que aparece no homicídio, são a morte objetiva e o ato que lhe interessam, pois conferem um ser de criminoso ao assassino.

> "Efetivamente, não conheço outro critério da beleza de um ato, de um objeto ou de um ser além do canto que suscita em mim e que traduzo em

> palavras para comunicá-lo a vocês: é o lirismo. Se minha canção é bela, se os conturbou, se atreverão a dizer que isso que os inspira era vil? Vocês podem reivindicar que há muito tempo existem palavras encarregadas de expressar as mais sublimes atitudes e que foi a elas que recorri para que o inferior pareça sublime. Posso responder que minha emoção apelava justamente para essas palavras e que elas vêm servi-la naturalmente. Nomeiem-me, pois, se a alma de vocês é baixa, inconsciente ao movimento que leva a criança de quinze anos ao delito ou ao crime, eu o nomeio com outro nome. Pois é necessário um orgulho atrevido, uma grande coragem para se opor a uma sociedade tão forte, às instituições mais severas, a leis protegidas por uma polícia cuja força está tão centrada no temor – fabuloso, mitológico, informe – que se instala na alma das crianças como em sua organização".

É necessária também muita coragem para bordejar o ponto de abismo da linguagem tal como fazem os poetas, onde do verdadeiro se deduz o falso e vice-versa. As boas almas não toleram que da mentira possa ser inferida a verdade, ou do mal, o bem. Não suportam nada fora da gramática. E a gramática é a ciência do poder.

> "O que os conduz ao crime é o sentimento romântico, isto é, a projeção de si mais magnífica, a mais audaz, a mais perigosa das vidas. Traduzo-o por eles, pois têm o direito de utilizar uma linguagem que os ajude a se aventurar... Em que vocês acreditam? Não sei. Eles tampouco o sabem, inclusive se vocês quiserem precisar a fantasia deles, isso está fora dos domínios de vocês. E me pergunto se vocês também não os perseguem por despeito, porque eles os depreciam e abandonam".

Genet tomou partido da podridão para justificar a ordem simbólica[10] ou porque estava totalmente fascinado por ela[11]. A ordem é abjeta porque é cúmplice daquilo que rejeita e a lei está comprometida com o que condena. No "me pergunto...", de Genet, está o desdobramento que projeta o que o

---

[10] C. Millot. *Gide-Genet-Mishima*, Editorial Paidós, 1998 [Tradução brasileira: *Gide Genet Mishima*, Companhia de Freud, Rio de Janeiro, 2004].

[11] M. Taussing, *Un gigante en convulsiones*, Gedisa, 1995.

duplica interiormente. Clivagem que vai do corpo dos ladrões ao dos guardas e que retorna nessa interrogação. Ao invés de subverter a ordem simbólica quer apagar a palavra que o divide e que faz de sua carne seu próprio corpo. E livrar-se da repressão que o funda como sujeito-ladrão a partir de outra palavra que se faz plena a partir da criação literária. Trata-se de traduzir uma palavra que nunca foi, falar uma língua que não foi aprendida, dizer desde o furo da linguagem. Furar a língua materna.

> "Não dou nenhum conselho para vocês. Não é aos educadores que me dirijo, mas aos culpados. Não quero inventar nenhum dispositivo novo em favor da sociedade para que ela se proteja. Eu confio nela: completamente só, saberá se defender dos graciosos perigos que são as crianças criminosas. É para elas que falo. Peço-lhes que jamais se envergonhem do que fazem, que conservem intacta a rebeldia que as fez tão belas. Não há remédio, espero, contra o heroísmo. Não obstante, levemos isso em conta, se há pessoas valentes entre os que me escutam, que não mudaram a estação, que saibam que é necessário assumir ao máximo a vergonha, a infâmia de serem belas almas. Que jurem ser filhos da puta ao extremo. Serão cruéis para aumentar mais ainda uma crueldade através da qual as crianças resplandecerão. Aquele que, pela doçura dos privilégios, tentar diminuir ou abolir a rebelião, destrói para si todas as possibilidades de salvação. Ninguém pode perdoar o crime se antes não for culpado e condenado".

Parece haver aqui uma demanda de uma "escuta" ideal. Desperta seus ouvintes de seu sono dogmático para que se tornem cientes de que a Ordem é sempre conivente com o mal. Porque no dizer está o interdito, o sujeito sempre se relaciona com a lei e com seu para além. Genet, rigorosamente situado no atributo próprio, sustenta que não se trata de escolher ser bom, mas de que só se pode escolher a carta marcada, e o que escolher senão o impossível: ser tão cruel como se é, querer o que sou declinando *um* cógito nietzcheano?

> "Estes tipos de aforismos parecem surgir suscitados pelo lirismo de que falei há pouco. Concordo com vocês. Para enunciá-los me apóio em uma única autoridade: na dor que experimentaria ao propor-lhes o contrário. Mas vocês mesmos, sobre o que repousam suas regras morais? Sofram porque um poeta, que é também um inimigo, lhes fale como poeta e como inimigo.

> O único meio que terão as pessoas importantes, as pessoas honestas de salvaguardar alguma beleza moral é recusar qualquer piedade aos rapazes que não a queiram. Pois não acreditem, senhores, senhoras, senhoritas, que lhes basta curvarem-se com solicitude, com indulgência, com um interesse compreensivo para a criança criminosa para ter o direito a seu afeto e a sua gratidão; seria necessário ser esta criança, seria necessário, também para vocês, ser o crime e santificá-lo por uma sorte magnífica, isto é, pela audácia de romper com a onipotência do mundo. Posto que nos dividimos – assim que quisemos, que arriscamos esta ruptura – entre os não culpados (não digo inocentes), os não culpados entre os quais vocês estão e os culpados que somos nós, saibam que é toda uma vida que vocês levarão desse lado da vitrine de onde crêem poder, sem perigo e para seu bem-estar moral, nos estender uma mão. Quanto a mim, eu escolhi: estarei do lado do crime. E não ajudarei as crianças a recuperar suas casas, suas fábricas, suas escolas, leis e sacramentos, mas a violá-los. Sim! Temo já não ter a mesma virtude, desde que, por algo que não é somente um erro dos organizadores deste bate-papo, me permitiram muito facilmente falar na Rádio".

Vocês parecem querer se reservar o lugar fora do mundo, de onde se fundaria sua ordem. Mas eu estou melhor aqui, no in-mundo, onde a divisão – entre culpa e inocência, culpados e inocentes – tramita no interior de cada alma.

Genet fala desde a falha do outro. Dos que abriram um lugar para que se acomodasse o condenado e depois o castigaram, impedindo-o de dizer sua palavra. Nada mais perigoso do que deixar falar.

O poder, que aparece como externo, assume uma forma psíquica, constitui-se na identidade do sujeito. Depois se repreende esse mesmo indivíduo para que não seja mais do que aquilo para o qual foi convocado. Porque a pergunta original "quem é você?" poderia ser reformulada mais propriamente como "onde você é?": ali onde o outro chama e nomeia. Em Genet, sua estrutura psíquica confirma a forma que assume o poder. Forma fixada no momento do dar a volta sobre e, às vezes, contra si mesmo. A volta parece funcionar como inauguração do sujeito[12], momento fundador

[12] Em sentido retórico: uma inauguração tropológica.

cujo estatuto ontológico será sempre incerto, lugar por onde se torna a passar para dar uma volta a mais na ordem do desejo. Ao voltar a passar, o paradoxal do submetimento implica um paradoxo referencial: referimo-nos a algo que ainda não existe. Esse giro ou tropo – no mesmo sentido retórico – é a instância performativa que sempre faz do sujeito um ser que está implicado em seu não-ser ou em sua potência de ser. Cada vez que se passa pelo mesmo lugar se é outro.

A cena onde o ser é interpelado é como o apelo no sentido althusseriano, onde o sujeito dá a volta e aceita os termos com os quais é convocado, e é transformado em estátua de sal. Assim, a dupla negação da falta em ser. Não sou o que sou é, sobretudo, negar que não sou. E esse é o início da culpa. Há angústia tanto na inocência como na hipótese contrária, a culpa, como expressa Kierkegaard, e daí toda subjetivação possível na história. A queda é inevitável para subjetivar-se e Genet faz dela um destino elevado pela via da letra.

> "Os jornais mostram ainda as fotografias de cadáveres transbordando dos depósitos ou cobrindo as planícies, misturados nas sarças espinhosas, nos fornos crematórios; mostram as unhas arrancadas, as peles cortadas, curtidas pelos refletores: são os crimes de Hitler. Ninguém sabe que desde sempre, nos presídios de crianças e nas prisões da França, os torturadores martirizavam as crianças e os homens. Não é importante saber se alguns são inocentes e outros culpados do ponto de vista de uma justiça mais do que humana ou apenas humana. Aos olhos dos alemães, os franceses eram culpados. Maltrataram-nos tanto na prisão, e tão covardemente, que os invejo por suas torturas. Pois são similares e melhores do que as nossas. Sob a ação do calor a planta se desenvolveu. Já que foi semeada pelos burgueses que fizeram as prisões de pedra com seus guardiões da carne e do espírito, me alegro por ter finalmente devorado o semeador. Essas pessoas valentes, que são hoje um nome dourado sobre o mármore, aplaudiam quando passávamos com os tornozelos algemados e uma vara nos golpeava as costas. Uma única bofetada de seus policiais foi vivificada pelo sangue ardente dos heróis do Norte, desenvolveu-se até tornar-se uma planta maravilhosa de beleza, de tato e de engenho, uma rosa cujas pétalas retorcidas, retraídas, mostram o vermelho e o rosa sob um sol do inferno levando nomes terríveis: Maideke, Belsen, Auschwitz, Mathausen, Dora. Eu tiro o chapéu".

O propósito de fundar a Ordem do Bem excluindo o horror, o do nazismo, é também o de querer deixar o mal fora da história, quando a história é justamente a do mal e daqueles que são capazes de assinalá-lo. Genet está na posição de profeta e não de apóstolo, assinala o mal em todos os corações, difundindo a boa nova do bem.

> "Mas continuaremos sendo o remorso de vocês. E sem nenhuma outra razão além de embelezar ainda mais a nossa aventura, porque sabemos que sua beleza depende da distância que nos separa, pois onde quer que nos aproximemos, eu sei, as orelhas não são diferentes, mas nas suas margens bem firmes nós os percebemos, pequenos, frágeis, raivosos, profetizamos a sua impotência e as suas bênçãos. Por outro lado, alegrem-se. Se os malvados, os cruéis representam a força contra a qual vocês lutam, nós queremos ser essa força do mal. Seremos a matéria que resiste e sem a qual não haveria artistas. Românticas loquacidades, diriam vocês".

A potência do não ser que quer "essa força do mal" se funda na negação como marca inscrita no vazio. É essa potência que permite a Genet a escrita do traço. A escrita do vazio ou escrita de seu nome pelas marcas de seu apagamento. Mas só inscreve seu nome com a experiência do desastre às costas, que é a que o lança na sujeição. Para sempre a queda, a expulsão do paraíso, será o laço que nos unirá com um tempo que não se delimita em nenhuma filosofia da história. Uma retórica sem teologia, um sentido sem referência aguardam pela experiência privada da negação. Negar o traço constitutivo é o único modo de um ser cujo mito é uma ontologia. É algo da matéria-prima sem a qual não haveria artistas.

> "Mas eu bem sei que a moral em nome da qual vocês perseguem as crianças, vocês não a aplicam muito. Não os censuro. O mérito de vocês consiste em professar princípios que tendem a comandar suas vidas. Mas vocês têm pouca força para se entregar completamente à virtude ou ao mal. Vocês pregam uma e negam a outra, da qual, não obstante, tiram proveito. Reconheço o sentido prático de vocês. Mas não posso aplaudi-lo! Acusem-me de lirismo! Mas, se um dos seus juízes, o secretário de um tribunal, um diretor de prisão fizesse estourar meu peito e se erguesse uma canção, senhores, vocês seriam os primeiros a quem avisaria".

Explorando a genealogia da moral, Genet é um analista nietzcheano dos processos repressivos e reguladores que geram os fenômenos da consciência e da má-consciência, desfazendo com um único gesto a substancialidade de alguns valores que só tardiamente, do ponto de vista lógico, velam a vontade de poder que lhes deu forma. A desventura da consciência emerge como autocrítica porque o escravo, sucumbindo a essa posição por sua impotência para enfrentar a morte, concebe como valor moral o fato de proibir-se o lugar do senhor. O amor ao senhor é também o ódio que o liga a ele e se coloca tanto na relação com o senhor como consigo mesmo. Naturaliza-se a distância entre lugares (senhor–escravo), convertendo-a em diferença entre os seres.

Não há possibilidade de se identificar a si mesmo a não ser negando o nome com que o outro nos chama. Sem "sentido prático", Genet vive na dualidade intensa de uma mãe que sempre lhe deu seu não ser ou abandonado a uma palavra que o substancializa no lugar do criminoso.

> "A literatura de vocês, suas belas artes, suas diversões depois do jantar celebram o crime. O talento dos seus poetas glorificou o criminoso que vocês odeiam na vida. Suportem que, de nossa parte, depreciemos os seus poetas e artistas. Hoje, podemos dizer que uma rara sem-vergonhice é necessária ao comediante que se atreve a fingir na cena um assassinato, quando todos os dias existem crianças e homens cujo crime, se não os conduz para sempre à morte, os sobrecarrega com o desprezo ou com o delicioso perdão de vocês. Que cada criminoso as regule com seu ato. É necessário que extraia dali os próprios recursos de sua vida moral, que os organize ao redor de si mesmo, que obtenha dela o que a de vocês lhes recusa. Para si – só para si e por um tempo muito breve, pois vocês têm o poder de cortar-lhe a cabeça – torna-se um herói mais belo do que aqueles que os emocionam nos livros. Se vive, para continuar vivendo consigo mesmo lhe é necessário mais talento do que ao poeta mais extraordinário.
>
> Não obstante, seus quadros estão cheios de heróis que povoam suas tragédias e seus poemas, são o ornamento de suas vidas ao mesmo tempo que vocês depreciam seus modelos desgraçados. Vocês fazem bem: eles rejeitam a sua mão estendida.
>
> Os que me escutam, se viram o filme Sciuccia, ficariam emudecidos pelo delicado jogo de sentimento das crianças ligadas umas as outras pelo mais

sutil amor. Eles admiraram a aventura que não se atrevem a viver, mas ninguém pensará que na vida existem esses heróis encantadores. Que eles prefiram verdadeiras ações ao portador a verdadeiros pais. Sem dúvida, o que se chama o talento dos comediantes não permitiu belas imagens, não obstante, os que foram seus modelos mais ou menos fiéis sofreram, sangraram, choraram (mais raramente) e a glória do mundo lhes foi recusada. Vocês suportam este heroísmo quando está domesticado (noto de passagem que seus feiticeiros, seus artistas, o domesticam para vocês abordando-o de longe). Vocês ignoram o heroísmo em sua verdadeira natureza de carne que sofre no mesmo plano cotidiano que vocês. A verdadeira grandeza os toca. Vocês a ignoram e preferem sua aparência".

Primeira definição de uma obra de arte: fora de todo esteticismo, o objeto de horror e a beleza aparecem como sacrilégio. As belas letras consideradas como um assassinato onde Sartre analisa o significado da obra literária para Genet. Equipara-a ao roubo. Os dois são delitos. Cada livro de Genet é um crime, um impedimento a que a escrita se converta em um ofício burguês. Trata-se de realizar um verdadeiro ato. Genet não quer ser um comerciante, não quer que seus textos dêem lucro, não deseja que o façam consistir. Escrever se assemelha então, como o roubo, à realização de um sonho. A arte e o delito têm o mesmo caráter onírico.

A primeira obsessão de Genet é sonhar com o crime. E o verdadeiro ato criminoso é obrigar as pessoas honradas a sonhar também com o delito que mais repugnam, aquele que só vivem como alheio, mas do qual também bebem, que necessitam que seja cometido. O *Saint Genet* sartreano encontra o protótipo da consciência[13] burguesa, o olhar do homem honrado que fez da criança um pária.

Converter-se em assassino, mesmo que o fantasma do assassinato o horrorize, transforma o poema em um assassinato do sentido trivial, o subverte e o converte em outra coisa. É justamente essa coisa que a palavra ladrão fez consistir que precisa ser metamorfoseada. A transformação do "desastre" se produz através da escrita. Esse é o milagre de Genet.

---

13 Sartre J. P., *Saint Genet, comediante y mártir*. Apêndice.

> "Porém, se as crianças têm a audácia de lhes dizer não, castiga-as. Sejam duros para não serem usados. Mas depois de algum tempo vocês criam uma armadilha. Nos seus Tribunais, nas suas Cortes, já não observam a cerimônia do ritual, não por tê-la substituído pela mais íntima crueldade – uma crueldade de chinelos *, se me atrevesse a dizer –, mas por uma grande rapidez, pelo grande descuido com que vêm à sala de audiência com um vestido remendado cujo forro já não é de seda, mas de raiom ou de lustrina. Antes de qualquer coisa, aplicarão as regras do código e as maiores formalidades. A criança criminosa não acredita mais na dignidade de vocês, pois percebeu que ela era feita de um cordão desbotado, de um galão descosido, de um forro puído. O lucro, o pó e a pobreza de suas cenas deixam-na desolada. Está a ponto de lhes oferecer um pouco da majestade que sabe obter de uma cena mais solene que compara em segredo, apesar de vocês manterem sob seus olhos o seu simulacro infantil. Por pouco a familiaridade os conduziria, precisamente, a lhes dar um soco na face, a lhes arrancar o queixo, se não temessem ser acusados não de indulgência paterna, mas de sentimentos abomináveis".

As crianças não querem ser perdoadas porque isso implicaria abjurar de sua condição e não de sua natureza. Por isso não admitem a familiaridade de sentimentos indulgentes. Também por isso elas se refugiam em uma linguagem hermética, e Genet na escrita, como um duplo fechamento sobre si. A palavra é um modo de exorcismo do ato criminoso. Sartre refletirá sobre uma sociedade que resulta mais da má ação do que da má palavra. O aparelho repressor mais sábio é o que liquida toda moral que não seja administrativa. Por isso o triunfo da reflexão poética sobre o crime contra toda reeducação. Genet quer estabelecer a irredutibilidade do mal. Para demonstrar sua própria irredutibilidade, para não desaparecer.

Porém, como observa Sartre, como ladrão Genet não subverte a ordem, mas sim como poeta. Contra a verdade poética não há defesa. Constrói a idéia do mal quando crença e direito a abandonam.

O homem honrado só exerce sua liberdade como negatividade: liberdade que condena moralmente a partir de suas tentações, moral de escravo. Quando Genet rouba – em compensação – consolida algo da ordem de seu

---

* *En pantuflas* no original, expressão que indica intimidade. (NT)

ser pela palavra que o nomeia ladrão. Assim, transforma-se na coisa nomeada pela palavra.

Mas a especularidade que esse escrito inaugura é um olhar para sua própria luta pelo reconhecimento. Genet se nega a constituir-se nessa coisa morta da qual nada se espera. Por isso quer saber do mal e para obter esse saber ele mesmo tem que ser o mal que aterroriza o outro, o burguês, a boa consciência, os interrogadores. Isto é, atravessar a experiência de sua própria maldade. E sair – indene? –, encontrando as palavras para dizê-la.

> "Mas eu me alegro que não seja assim – não? – e meu humor lhes parece muito pesado. Vocês estão certos de que salvarão essas crianças. Felizmente, à beleza dos mais velhos trapaceiros que elas admiram, dos orgulhosos assassinos, vocês nunca poderão contrapor mais do que vigilantes ridículos, limitados a um uniforme de corte e caimento ruim. Nenhum dos seus funcionários pode estimular as crianças e conseguir que tenham êxito na aventura que elas mesmas iniciaram. Nada substituirá a sedução do fora de lei. Porque o ato criminoso tem mais importância do que qualquer outro, já que é aquele através do qual alguém se opõe a uma força moral e física tão grande. Vocês acreditam, vocês também, na beleza de Vacher, na de Weimann, na do Angel Soleil. Eu me revolto contra a afirmação de '... que nelas havia possibilidades maravilhosas das quais se poderia tirar proveito...'.
> Eis aqui uma linguagem que só vocês podem ter, a da sociedade, mas estariam em apuros se eu os interrogasse com rigor. Elas extraíram de si mesmas as mais maravilhosas possibilidades".

O homem honrado pode, deve cair na armadilha poética que lhe prepara Genet quando relata a forma como ocorrem os acontecimentos. Relato que ganha sua existência no caráter imaginário da arte, uma apresentação do mundo como se este fosse produzido pela liberdade humana. Assim, a beleza não é mais do que o relato da selvageria humana em sua busca da santidade. Suporia fazer uma antropodisséia, uma justificativa do homem, dar conta do percurso que vai do ladrão ao santo, viagem de Genet relatada por Sartre.

> "Se não conquistam as crianças através da bondade resta a vocês curá-las, porque vocês têm os seus psiquiatras. A propósito destes últimos, bastaria

propor algumas questões simples e mais de cem vezes propostas. Se sua função consiste em modificar o comportamento moral das crianças é para conduzi-las para que moral? Trata-se da que se ensina nos manuais escolares? Mas o homem de ciência não se atreveria a levá-la a sério. Trata-se de uma moral particular elaborada por cada médico? De onde tiram a sua autoridade? Para que servem estas questões? Serão escamoteadas. Sei que se trata da moral corrente, e o psiquiatra fica bem dando às crianças o belo nome de inadaptadas. O que posso responder? Sempre oporei minha astúcia às suas artimanhas.

Hoje, que se permitiu, por não sei que erro, a um de seus poetas falar neste microfone, quero ainda expressar minha emoção diante desses pequenos jovenzinhos sem piedade. Eu não tenho ilusões. Falo no vazio e na escuridão, não obstante, ainda que fosse só para mim, eu quero insultar os que nos insultam".

Se Deus morreu, o Deus morto genetiano arrasta consigo não só a consciência burguesa, a bela alma do burguês, mas o Estado, com sua moral, seu direito, sua arte, fetichizado. Sua obra é uma crítica da razão do estado como nunca foi feita por qualquer funcionário da razão. Por isso é um poeta, mas também um inimigo, ao recriar o mundo como crime através do instrumento criador da escrita, mostrando o horror que constitui a outra face do enredo da ordem. Assumindo-se como poeta inimigo, como pura desordem, clama pela ordem, mostrando a face sinistra de um sistema de exclusões que se apresenta como o Bem Supremo.

Genet, ou sua escrita, ou sua palavra assinalam o mal-estar estrutural, a falha da cultura a partir de uma "teoria" do indivíduo que marca a alienação própria de cada ato, para que a conseqüência não seja ter que expulsar alguns para fora do mundo. Intenção diferente da de Sartre quando, por meio da biografia e através das mediações – psicanalíticas, históricas, antropológicas –, acredita poder interrogar o próprio enredo da comunidade. Genet se historiza: "fui um dos seus".

Não há bem-estar e o Estado é o lugar-tenente que se encarrega de situar esse mal em alguns, para manter outros indivisos no Bem. Se considerarmos uma perspectivação de nossa condição e não virmos em Genet um inadaptado, encontraremos um eu impossível, ninguém a quem se reportar. Pretende-se que o "sujeito" burguês se sustente em um Eu. Pretende-se também sua autonomia pela instância do eu mediador entre o isso e o supereu. Esse bom indivíduo já não pode ser vislumbrado, o Eu não aparece com essa função harmonizadora e as formas totalitárias que a comunidade assume substancializam tanto o Bem como o Mal, fundem-no nas práticas de extermínio, suplício e desaparecimento de que Genet presta contas com seu corpo e com o das crianças, mas às quais rememora em sua alusão ao nazismo.

Esse indivíduo que perde sua autonomia não tem nenhuma forma de libertação ou de emancipação, é incapaz de revolta. Mas Genet mostra o fracasso da indivisão do indivíduo, o eu do autocontrole que domina sua força libidinal cai fascinado diante das artimanhas do poeta. Sob o império das "normas" se apaga a Lei, denuncia Genet. Os regulamentos parecem absurdos, sempre há uma forma de violá-los, ninguém pode dizer ao outro que o aprisiona para o seu bem, quando o que quer é controlar – até o último criminoso, o mais mísero – a força libidinal, a vontade de ser. E este controle já não é uma manipulação consciente que os indivíduos sofreriam, não se exerceria através de um poder localizado, nem se contenta com a adaptação conformista do indivíduo. A ordem social mina as próprias possibilidades de enunciação dos sujeitos, de forma que para cada um, confrontado com o seu discurso, seus enunciados sejam alheios. Falar é a ética. E a escrita duplica esta aposta. Por isso o olhar desfetichizador de Genet para o Estado, que se consuma na ação do roubo e da escrita.

Através da literatura enfocou o caráter de fetiche do Estado moderno. Domina o *maleficium*, é capaz de entrar no poder do fetiche através de uma combinação de homossexualidade e delinqüência, "faz" em ato o que Sartre entende que o Estado faz com todos. Assim, enfrenta a ordem política e social com um espelho onde vê o sagrado de seu ser monstruoso. Genet é hábil contra o *maleficium* porque é hábil com o *logos*. Vence por sua metamorfose em escritor. Transgressor do tabu, também registrou a visão que surge de sua lógica diabólica de atração e repulsão mística. Os bons burgueses que têm proibido o acesso ao sagrado – todos – asseguram a santidade do poder que não é mais do que uma fantasia projetada em um centro imaginário que se auto-realiza. Por isso é um devoto das cenas onde se mostra a aparência do poder, não para mostrá-lo como falso, mas como aparência necessária. Por trás do poder não está o Bem. Está o Nada. O nada que é encenado em sua dramaturgia: *O balcão*, onde todos os personagens, o bispo, o magistrado, o juiz, a rainha, são clientes de um bordel ou de prostitutas que dominam a arte da aparência.

A Antropologia revela que uma maneira de adorar objetos em certas culturas é esfregar os fetiches contra o corpo. Genet, antropólogo diferente, toma como objeto de estudo a classe dominante. Se são as fantasias sobre ele que o constituem. Genet desordena a cenografia da boa ordem burguesa com o tom de voz um pouco rouco pela emoção e pela verdade de seus amigos. Percebe como ninguém que o crime tem na lei o seu Outro. O delinqüente que Genet encena está enamorado da ordem dominante. Não quer que os educadores matem este amor. E o poeta que o habita ama os nomes: Mettray, Saint Maurice, Saint Hilaires, Belle'Isle... Tudo isso tem seu correlato na alma, a das crianças, a sua. Genet disse que o poder (da polícia) atua diretamente sobre a alma, dá forma à matéria indeterminada dos corpos. Por isso fala de instituições e não de homens. Vislumbra a invisibilidade do simbólico da Ordem. A relação com o policial e seu uniforme, do *Diário de um ladrão*, aponta o delinqüente no que tem de santo, estabelecendo um vínculo carnal e ritualizado com a instituição policial (representada como totem). "Dentro dessa pele e dessa carne não havia nada que pudesse desejar que fosse meu... eu desejava que sua alma fosse cruel e brutal". Instituições policiais, objetividades de um Estado condensadas em cidades, portos, estações de trem: palavras substancializadas para quem não tem lugar senão através de seu dizer. Essa é a perversão genetiana: por respeito à ordem, à Lei, em uma nova dedução da máxima, como Sade em contraposição a Kant, elabora a difícil arte de trair o país, a nação, as instituições, através do cumprimento rigoroso do elogio do mal.

A linguagem é sempre a de uma nação, utiliza-a levando-a até o limite de sua capacidade referencial. Sabe, também, que sua retórica envolve os outros. Porque é somente essa língua, com a lei que implica, que une os ladrões a suas vítimas, os interrogadores aos interrogados. Por isso, subverte a ordem da língua para transformar as palavras e os lugares. Ladrão fascinado pelas fronteiras, navega ao redor do corpo da lei, da nação. Para experimentar o lugar de onde perguntar como se penetra no interior de uma imagem.

É a interrogação que desenvolve na práxis que o constitui: a da escrita. Modo próprio de percorrer os limites entre o privado e o público. Entre o ser privado de todo poder quando foi humilhado pela palavra ladrão e o poder através do qual se faz poeta, transgredindo a lei da linguagem.

Escrever e ler. Se o autor é culpado, seu leitor também o é. Só se pode fazer laço se Genet consegue despertar na consciência burguesa o questionamento de que o outro do mal é tão necessário como o bem. O homem honrado é o enunciatário desse enunciador que constrói a si mesmo como o mal absoluto. Mesmo quando, no nível da enunciação, o eu e o tu surgirem unindo seus dois nadas, na angústia do mal. Se o homem honrado podia pensar o ladrão como um abismo sem fundo, cai no precipício onde o poeta o engana. Ler é obrigar os honrados e os ladrões a falar o mesmo idioma. Ou a sustentar que o ladrão é um santo. A prosa é a escrita cerimoniosa da confissão de um condenado à morte. Escrever é um rito de missa negra e trabalhar o estilo, usar as palavras como alguém que não tem nada a perder. O rosto de Genet só aparece em alguns instantes, quando o poema destrói a arquitetura. Se a consciência burguesa quer constituir a ordem e o sentido, a poesia vai parasitá-la com seu elogio do mal. Genet rouba o ser de quem o lê, tornando incompleto o sentido. Assim, cria a insegurança do leitor na linguagem, ao confrontá-lo com o abismo de uma significação irrealizável. Esse seria o instante de constituir-se como algo para alguém. É a perversão genetiana segundo Sartre. Mas o pederasta, o perverso tem ainda uma habilidade diabólica: sabe obter o favor de seus leitores, cativar a liberdade do justo. Obriga-o a buscar com ele o caminho da santidade. Um itinerário impossível que une o criminoso com o que o contradiz.

A poesia reflete a estrutura da santidade e esse é o percurso ascético que o leitor deve realizar junto com o poeta. Ser poeta é fazer-se santo imaginariamente, com o propósito de ser sem outro. Pura irrealização do sujeito, que como o objeto do desejo se oferece e se nega em uma cerimônia de esvaziamento, de debilitação de qualquer signo. Ser poeta, santo ou criminoso é ir fazendo a experiência, a viagem da consciência: a de ser outro. Trabalho do imaginário ao redor de um ponto real: a poesia não revela nada. Quando as palavras queimam, vislumbra-se o Nada. Por isso, a proposta de Genet é sempre a da anti-physis. Nega o emprego natural das palavras, torce-as até que, crispado, o leitor fique fascinado pela dor que lhe produzem. As palavras que ele expressa são palavras que doem no corpo. O insulto, o que golpeia a carne, é a voz por excelência. O lugar do Outro é o momento em que dois nadas desaparecem juntos. Por isso a poesia não pode dizer a verdade, nem o pretende, mas jogar com os paradoxos da linguagem, com as armadilhas, a falsificação, a encenação, a aparência, o equívoco, a simulação, como único modo de encontro contingente, instantâneo, evanescente com a verdade. Genet é acusado por alguns biógrafos de ter construído sua própria lenda. Talvez nunca tenha sido um ladrão, sempre tenha sido culto, jamais foi para a prisão...

Cada um de seus livros terá o caráter de um objeto sagrado: maldito e santo, fascinará com sua imagem, sua falsa aparência, até confundir não apenas o leitor, mas a si mesmo. Desse modo, buscará na letra um rosto que está perdido, mas que pode ser encontrado pelo trabalho da escrita. Trata-se de um ato que se torna eficaz na dupla abertura de um efeito sujeito e de um efeito objeto. Escrever é fazer o luto de uma ausência que só dessa forma se converte em presença. Se Genet joga com a dor e se empenha em fingi-la, é para sair dela. Genet desaparece em sua obra e se esconde em sua biografia. Mas exige o seu leitor. Este não terá outro eu além do próprio Genet, e o autor se transforma em aparência. Entre os personagens são tecidos enlaces impossíveis. O que evidencia a dissolução progressiva do mundo exterior. A identidade é aparência. Trata-se de construir todos os cenários possíveis para o verdadeiro relato de um luto: o do vazio. Não há personagens, mas vivos e mortos. Se não há identidade nem certeza, o mundo da imaginação é possível. É Sartre quem propõe que viver é sobreviver a uma criança morta. Por isso, não é mentira uma vida literária que se faz ficção pelo trabalho do luto. O que foi capturado pela palavra ladrão, que o estigmatiza no momento em que o nomeia, torna uma obra in-munda, fora de qualquer mundo. "Minha vitória é verbal e é devida à suntuosidade dos termos". Essa é sua per-versão. Criar outro mundo mais desejável do que aquele do qual foi jogado fora. Se a realidade o expulsa, então o sonho será o verdadeiro. A escrita é, então, a possibilidade da liberdade, ali onde um significado ficou congelado. Uma criança morta, na palavra vertiginosa de que fala Sartre[14], é que obriga Genet a escrever até criar um mundo mais verdadeiro que o dos homens honestos. As belas almas serão finalmente

---

14 Sartre, J. P., *Saint Genet, comediante y mártir.*

obrigadas a viver a confusão da falta de limites, as que confundirão o fracasso com o êxito e o bem com o mal? Serão fascinadas pelo mal absoluto na beleza da escrita?

A passagem se dá desde os sonhos sobre sua vida até a meditação sobre seu passado através do ato de escrever. Escreve as lembranças e depois escreve sobre a escrita. A escrita é um ato. E é próprio de um ato estabelecer a existência da verdade. Não obstante, Genet define a verdade no coração da mentira. O Sonhador escava a verdade e elabora um mundo de infinitas aparências. Seu instrumento é o verbo e sua matéria a consciência do outro. O propósito é enlouquecê-lo. Por isso cria uma irrealidade estável. Genet só se separa do sonho para obrigar a consciência burguesa a sonhar. A escrita o obriga a sair de um murmúrio do eu e o impele à repetição. É a fronteira do privado e do público. É o salto qualitativo que o desaloja de uma estância cronológica. Se sua vitória é verbal, escreve sua falta em ser. Porque faz surgir a simulação onde era o não ser. Obriga as outras consciências a converterem-se em um espelho onde se reflete o que nunca foi. Antifenomenologia: Genet foi objeto desde que o chamaram de Ladrão, mas sua consciência e seu ser objetivo nunca coincidiram e não bastaria nenhuma atividade criminosa para obter a coincidência. O que lhe foi outorgado é o dom de obrigar os outros a ler sua obra, sua mentira. Salto ou repetição que não há lógica binária que explique. A escrita lhe permitiu a alegria de produzir-se no nada do outro. Escrever é um modo de se fazer escutar, ainda que não possa ouvir seu próprio som.

Falando na rádio chegaria também às crianças, escrevendo só poderá chegar aos leitores. O leitor assumirá as contradições de Genet ou não será seu leitor. Genet se oferece, se desvela e chega a fazer do outro seu amante, fazer-se amar. Procuramos – muito próximo a Sartre – descobrir um Genet que se oferece como objeto, mas se transforma em sujeito através da leitura. A Vitória é sempre a do verbo sobre o vazio.

Alejandra Gonzalez
Beatriz Gercman

A Infância Rejeitada
Comentário sobre a criança criminosa de Genet

Alba Flesler *

> *"Ma vie visible ne fut que feintes bien masqueés"*
> JEAN GENET **

Quando Jean Genet publicou seu texto sobre a infância criminosa para apresentação na rádio, tinha trinta e nove anos. Já não era uma criança. Não obstante, a cronologia de acontecimentos ao longo dos anos não chegou a se tecer como uma história. Alguns nunca fizeram parte do devir de sua vida, jamais perderam sua obscura vigência de trauma atroz, nem compuseram o passado; eles mantiveram intacta sua horrorosa eficácia de presente, significativo e atual.

Mostrando-se sempre rebelde à idéia de uma biografia, Genet preferiu compor, através de sua obra, a "ficção pessoal" que, 17 anos após a sua morte, ainda procura cernir seu lado verdadeiro. Sem dúvida, a publicação

---

* Psicanalista, Analista Membro da Escuela Freudiana de Buenos Aires, Ex-presidente da EFBA, Integrante do Comité de Redacción de Cuadernos Sigmund Freud.
Proferiu conferências sobre os tempos da infância e da adolescência na Argentina e no exterior, em Buenos Aires, no Rio de Janeiro e em Nova York. Publicou, com colaboradores, o livro *Los Discursos y la Cura* [Tradução brasileira: *Os discursos e a cura*, Companhia de Freud, Rio de Janeiro, 2003] e numerosos textos sobre o tema nos meios profissionais.
Durante anos deu supervisões clínicas em hospitais de Buenos Aires. Clinica na cidade de Buenos Aires.

** "Minha vida não foi mais do que fingimentos bem disfarçados". Genet, Jean: "Un Captif Amoreux".

do "Genet" de Edmund White, pela editora Gallimard[1], muito contribuiu para revelar-nos seus traços. Porém, nesta ocasião, não tomarei mais do que pontualmente alguns desses traços reais, algumas dessas contribuições verídicas de uma biografia bem feita, que precisa da objetividade. Privilegiarei outra fonte, que resulta de minha perspectiva psicanalítica e que não pode senão sublinhar a vertente do sujeito que se articula em seu dizer. É assim que o expressa Genet no prefácio ao texto que nos convida. Escrito depois de sua transmissão ter sido recusada, diz que queria fazer escutar a voz do criminoso e não sua queixa, mas seu canto de glória: "se uma inútil preocupação de ser sincero não me impede de sê-lo na precisão dos fatos, ao menos o faz na obediência ao tom um pouco rouco, que só podia dizer de minha emoção, de minha verdade, da emoção e da verdade de meus amigos"[2].

É a verdade alcançada no rastro do sujeito, a que se refere ao nosso interesse como psicanalistas, que nos propomos ao abordar o texto de Jean Genet.

Um curioso equívoco de tradução estimulou o título destas reflexões: "A Infância Rejeitada".

Nas Obras Completas, o texto "La Radiodiffusion française" foi intitulado "L'enfant criminel", a criança criminosa. Não obstante, recebi diversas traduções. Uma "A criança criminosa", e outra, "A infância criminosa". Esta última, provavelmente tomada da forma como o próprio Genet a nomeia no prefácio: "*l'Enfance criminelle*". Nesta oportunidade, portanto, minhas declarações se apoiarão entre a criança e a infância.

As fronteiras, os limites, as geografias e a falta de um lugar

Paradoxo do ser humano: pode viver sem existir. O vivente só nascerá para a existência se alguém antecipar seu destino. E portará sua condição

---

1 White, Edmund. *Jean Genet*, Gallimard, 1993.

2 Genet, Jean, "Obras Completas", Ediciones Gallimard, 1979.

de criança se lhe for concedida a magnífica doação de um nome que lhe permita reconhecer-se como tal.

Desse tênue fio penderá o tecido onde depois se tramará o futuro de cada homem. Muitos conseguirão fazer desse destino um estilo. Mas somente alguns poderão, por sua vez, reparando a tela danificada, rasgada pelos traumas da vida, enodar tal estilo ao laço do encontro com os outros. É que uma nominação não carrega apenas um valor simbólico sempre capaz de deslizamentos significativos; uma nominação nomeia, apreendendo o inominado sob a égide que o fixa ao sentido atribuído. Crava suas raízes no que nunca foi dito antes, instaura um advento que tem valor de acontecimento.

Através disso o vivente é arrancado da fonte pura e única da natureza vital e enodado à autoridade da linguagem. Imerso nela, o sujeito vai se debater entre os "bendizeres" e os "maldizeres" que, entre bênçãos e maldições, vão dando sentido a sua existência. Cada acontecimento de sua infância poderá ser devir, um elemento de sua história, uma carta que resume seu passado, ou permanecer atual como presente eterno.

Uma criança que nasceu e recebeu o nome de seus pais pode pôr em sua conta um crédito: foi desejado vivo. Mesmo sem saber as causas deste desejo pode crer sabê-la. Tempo primeiro em que as cartas são jogadas com signos inequívocos: vida ou morte. Tal é a dependência radical que a fragilidade da criatura humana guarda para com o amor, para com o desejo e para com o gozo de outros seres humanos significativos. Primeira grande prisão necessária, alienação original sem a qual não haverá balança para os encontros. Sem ela não há separação nem liberdade possível, apenas reiterados desencontros como signo vivo de ter sido desejado morto.

Aqueles que recebem a criança só lhe darão casa e cuidados se ela se projetar no cristal de uma ilusão que espera se ver satisfeita em seus desejos. Desta forma, a primeira morada decide suas fronteiras, seu limite e sua extensão, no terreno materno, matriz de desejo, de gozo e de amor sobre a qual se joga a partida inicial dos primeiros encontros e desencontros.

Na trama conceitual freudiana, esta operação se resume no narcisismo dos pais, função imprescindível para estruturar os primeiros e novos atos psíquicos na constituição de qualquer sujeito. De sua eficácia primária serão retiradas as significações futuras; reiterando, diante de novos encontros e desencontros, o olhar primeiro em cuja perspectiva a criança encontrou a imagem de seu ser. Se Sigmund Freud fez este ser equivaler ao falo foi para recordar que, em seu brilho ereto, a história das civilizações depositou a significação do objeto que lhes faltava.

Sem dúvida o dilema de ser ou não ser, que o clássico de Shakespeare eterniza, não só precipitou Hamlet na tragédia. Mas o ser ou não ser só se revela como conflito se produziu uma crença. Sim, só quem acreditou sê-lo pode depois duvidar. Dir-se-á, sem vacilar, que isso resulta de um engano. Diremos que é assim, de um engano que, contudo, é necessário. Pois a suposta aparência que sustenta contém em seu centro a verdade de um autêntico desejo.

Para que o corpo se sinta vivo, para que seja mais do que os seus tecidos e ocupe um lugar não equiparável a sua anatomia, deve sustentar-se no olhar do Outro materno e na nominação do pai, lugar privilegiado onde avaliará a cifra de sua existência. "Ser é pertencer a alguém", dirá Sartre em *São Genet, comediante e martir*[3].

Prisioneira de suas redes, a infância transcorrerá escalando as alturas do Outro[4] até descobrir os limites de sua grandeza; façanha que só será possível se, para os pais, e substitutos, a infância não for rejeitada. Se se suporta seu decurso, cada trecho de seu transcorrer. Se os adultos suportam, isto é, são suporte, sustento e tolerância daquilo que no início do século passado Freud alertava. Isso se a infância se desenvolve entre sintomas, inibições e angústias, no melhor dos casos, senão, é pior[5].

Mas os destinos destas inibições, sintomas e angústias serão realmente diferentes se sobre eles só recaírem qualificações, como signos inequívocos e estigmatizantes que matam o sujeito ainda que em nome de lhe salvar

---

3 Sartre, Jean Paul, *San Genet, comediante y mártir*, Editorial Losada, Buenos Aires, 1967, p. 13.

4 Flesler, Alba. "Fin de Análisis en los Tiempos de la Infancia", texto publicado no livro *El análisis lacaniano ¿es terminable o interminable?*, Editorial Escuela Freudiana de Buenos Aires, junho de 2003.

5 Flesler, Alba. "El Tiempo de las Preguntas", texto apresentado na Jornada de Cartéis da Escuela Freudiana de Buenos Aires, 12 e 13 de outubro de 2001.

a vida, ou se, em troca, também colocam em jogo seu lado enigmático, fazendo da curiosa apresentação uma busca da palavra.

A infância de Genet

O que teria acontecido se, em vez de escutar sua nominação de ladrão aos dez anos, tivesse dezessete? Pergunta-se Sartre em seu livro, justamente no capítulo intitulado: "Uma palavra vertiginosa". Ele poderia contrapor a tamanho desatino sua rebeldia de jovem, com outros recursos além do estupor e da orfandade. "Se o tivessem chamado de ladrão aos dezessete anos, Genet teria se divertido: é a idade em que se liquidam os valores paternos. Teria disposto de mil recursos..."[6].

Mas qual foi a orfandade dessa criança que eternizou, sem sossego, o seu desamparo, tornando-se incapaz de responder à nominação siderante do Outro, inapta a ver-se alojada no amor de qualquer um, denunciando com veemência sua inautenticidade e hipocrisia, rejeitando o reconhecimento como petrificante, fazendo da traição glória compulsiva e do mal seu único bem?

Abandonado por sua mãe aos sete meses no *Hospice des Enfants-Assistés*, sendo seu pai "*non dénommé*", pai desconhecido, o bebê é colocado na família Régnier, com a qual permanecerá até os treze anos[7]. Quarenta dias mais tarde, aos oito meses, recebe o batismo na Igreja de Alligny e também as ilusões de "*une mère mourriciere*", uma mãe de criação, que sonha em vê-lo se tornar um sacerdote e lhe transmite uma sólida educação católica.

Teria sido um encontro reparador, que com sua presença real contribuiu para o sustento da primeira infância?

Sartre nos lembra que "seria um erro pintar a infância de Genet com cores demasiado sombrias, pois ele mesmo tratou de nos advertir que foi a época mais bela de sua vida"[8]... Nessa época, era "um bom sujeito, um

---

6 Ibid., p. 29.

7 Dichy, Albert, "Chronologie", em *Magazine Littéraire,* N° 313, setembro de 1993.

8 Sartre, Jean Paul, ob. cit., p. 14.

menino respeitador e afetuoso menor e mais frágil que seus colegas, mas mais inteligente: mantém-se sem esforço como primeiro aluno da turma"[9].

Mas a instabilidade da origem, uma falta descarnada no lugar vital do amor e do desejo dos pais, o desconhecimento sofrido, aguardava o pequeno Jean, eternizando-o em sua condição de criança abandonada. "Com efeito, cada vez que o menino quer ultrapassar a burocracia, da qual parece uma emanação, até suas verdadeiras origens, encontra a coincidência de seu nascimento com um gesto de rejeição. Jogaram-no fora no momento em que o puseram no mundo. Posteriormente é a sociedade inteira que o rejeitará de seu seio, mas essa rejeição social está em germe na rejeição materna. O menino imagina que uma mulher arrancou-o dela, muito vivo e muito ensangüentado, para enviá-lo a dar voltas mundo afora e se sente maldito: desde o seu nascimento é o mal amado, o inoportuno, o excedente. Indesejável *até em seu ser*, não é o filho dessa mulher; é seu excremento. E se verá com que insistência, com que prazer masoquista Genet se comparará mais tarde com um lixo, um desperdício"[10].

Sessenta anos mais tarde, contaria em uma entrevista: "Desde muito jovem soube que não era francês, que não pertencia ao povo. Soube de uma forma boba, tola, assim: o professor havia pedido que escrevêssemos uma pequenina redação, cada aluno teria que descrever a sua casa... Acontece que minha descrição era, segundo o professor, a mais linda. Leu-a em voz alta e todos zombaram de mim, dizendo "mas não é a sua casa, você é um menino adotado", e então se produziu um grande vazio, uma grande humilhação... Oh! a palavra não é muito forte, odiar a França é pouco, seria necessário mais que odiar, mais que execrar a França" (*L'Ennemi déclaré*)[11].

Ele não é como todos, "a alteridade que Genet descobre em si exclui qualquer reciprocidade"[12], diz Sartre; não encontrará o traço distintivo que torne próprio seu valor entre os outros. Ele será distinto.

Pouco depois, seus primeiros furtos: rouba réguas e lápis na escola e dinheiro de seus supostos pais com a finalidade de distribuir doces entre os

---

9 Ibid., p. 14.

10 Ibid., p. 16.

11 Dichy, Albert, ob. cit.

12 Sartre, Jean Paul, ob. cit., p. 31.

colegas. Aos dez anos, dirá, em um extrato não publicado de seu *Journal du Voleur*, "roubei sem remorsos aqueles que amava, conhecendo a sua pobreza".

Mas foi descoberto e acusado de ladrão. "Creio que a palavra ladrão me feriu profundamente", chegou a dizer mais tarde.

Instante fatal segundo a interpretação sartreana, dividiu sua vida em um antes e um depois. Declínio do Bem para o Mal. O menino fica surpreso: "Um filho verdadeiro não agradece... Pega da bolsa e seu pai tem o dever de educá-lo. O proprietário legítimo estende a mão, colhe um fruto e o come tranqüilamente".

Roubava sem remorsos, "inocentemente"... "Pensa menos em roubar do que em fazer experimentos de apropriação imaginários"[13].

Mas "a palavra vertiginosa"[14] entra nas "trevas do nome"[15], cai como maldição sem que o menino possa interrogá-la. Com a morte de Eugénie, sua mãe adotiva, em abril de 1922, pouco depois do desafortunado episódio, a palavra ladrão constitui sua realidade definitiva. Com essa perda sela-se a trágica estrangeirice que o perpetuará entre os marginais, no lugar da rejeição como única verdade. Levando-o a dizer: "decidi ser o que o delito fez de mim"[16]; e continua roubando.

Em *O milagre da rosa*, descreve-o assim: "Quando me levaram para o reformatório de Mettray, tinha quinze anos e dezessete dias". "Sofri cruelmente, experimentei a vergonha de ter a cabeça raspada, de ser vestido com um uniforme infame, preso naquele lugar vil; conheci o desprezo dos outros colonos, mais fortes ou mais malvados do que eu"[17].

E, depois de ser violentado, insultado: "Eu tinha dezesseis anos... no meu coração não havia lugar algum em que pudesse se alojar o sentimento de minha inocência. Reconhecia-me como o covarde, o traidor, o ladrão, o pederasta que viam em mim... Em mim mesmo, com um pouco de paciência e de reflexão, descobri suficientes razões para que me chamassem assim.

---

[13] Ibid, p. 20.

[14] Ibid, p. 25.

[15] Ibid, p. 52.

[16] Ibid, p. 61.

[17] Ibid, p. 90.

E estava espantado por saber que eu era feito de imoralidades. Tornei-me desprezível"[18].

Ator de seu destino, abraça o mal e faz de "uma imposição a sua missão"[19], apostando em ganhar a liberdade.

A criança criminosa

Esse texto será publicado depois de ser rejeitado pela rádio francesa. Mais uma vez, Genet não pode falar. É possível que tampouco tenha podido falar diante do mote ladrão, nem quando foi vestido com o uniforme infame, nem quando rasparam a sua cabeça, ou diante do desprezo dos mais malvados que ele... Dizia-se que desde pequeno já era um menino tímido e silencioso, submerso nos livros.

Os ciclos, de palavras e de silêncios, mantiveram-se com o tempo.

Muitos anos depois, já adulto, transformado em um escritor famoso, torna pública a sua palavra rejeitada e diz ter vergonha: "queria fazer ouvir a voz do criminoso"[20]. Desta maneira fala das crianças, pelas crianças, para as crianças e, também, da criança que ele foi. Fala de sua história de criança silenciada.

No momento de publicá-la, sabemos que faria com que fosse precedida, na rádio, por uma série de perguntas a um magistrado, a um diretor de penitenciária e a um psiquiatra oficial, que, sem exceção, se negaram a responder. Curiosa proposta. Minha experiência como psicanalista, com as crianças, me ensinou o ganho existencial que o sujeito extrai, na infância, desse momento em que sua curiosidade desperta. Imediatamente, reconhece-se que se iniciou um tempo de perguntas destinado a percorrer os alcances e limites do saber e o sentido que os grandes, principalmente os pais, deram ao mundo, ao que é o bem e ao que é o mal. E, em grande parte, o destino das futuras investigações depende das respostas que as crianças obtiveram. Claro que, quando digo respostas, me refiro sobretudo à disponi-

[18] Ibid, p. 91.

[19] Ibid, p. 62.

[20] Genet, Jean, *Obras Completas*, Ediciones Gallimard, 1979.

bilidade que esse tempo encontra nos outros para esclarecer sua rica dinâmica. Não diz respeito às respostas reais e objetivas quando a criança busca, essencialmente, que lhe digam a verdade do desejo. Ela se aproxima de conseguir uma autêntica resposta, que só pode ser ofertada se for acompanhada desse gesto que compromete a verdade subjetiva da qual toma a palavra para contestar.

Mas "todos se negaram a responder". "A criança criminosa" denuncia a hipocrisia e a falta de autenticidade.

Quando Genet publica as suas declarações, ele já tem a seu favor as palavras para falar da rejeição e das trevas das quais fez "tanto esforço para sair". Ele já não é o menino silencioso e silenciado pela violência gozosa dos signos que violaram sua infância com crueldade. Pode dizer que "casa de correção" porta uma espécie de nome próprio que designa um lugar ideal e cruel, situado lá no fundo do coração do menino. Também pode expressar sua expectativa, seu desejo de transformar as crianças em atores fortes, heróicos, produtores ativos do desprezo e da rejeição que por sua vez receberam. Promotores do fracasso das regras do Bem, valentes atravessadores da fogueira, audazes eleitores do Mal sem nuances, sutis reconhecedores da hipocrisia e da falsa aparência de todo amor.

Tanta falha em encontrar-se tornou o amor impotente. Como confiar em seu valor?

A criança criminosa é um testemunho não só daquilo que ocorre nas penitenciárias ou do atroz e impiedoso suplício que nelas Genet sofreu, é a perturbadora expressão do talento de um sujeito para transformar, como afirma Catherine Millot, "o horror em gozo"[21]. Genet fala no final. Com a linguagem inverte a sentença recebida. "Minha vitória" – dirá – "é verbal". Se Mettray foi seu destino, a escrita foi seu estilo.

Uma escrita autêntica

De forma suspeita sua obra de romancista, dramaturgo e poeta deixa entrever apenas uma parte da verdade. Expressão de uma profunda descrença, toda objetividade se perde nas trevas de uma falsa aparência: tocan-

---

[21] Millot, Catherine, *Gide-Genet-Mishima*, Editorial Paidós, 1998.

do as cenas de sua vida Genet consegue, com os personagens de seus textos, mostrar pelo viés ficcional que nos apresenta a própria denúncia de um impossível acesso à absoluta autenticidade.

Aposta sem cessar em aprofundar os opostos, separa, de forma absoluta, uma dualidade que eterniza a falta de uma saída: entre a valorização idealizada de um lugar de exceção, altar glorioso e santo, e a degradação mais desprezível e imunda. Sua vida é um *continuum*, reflexo a-histórico de uma colocação à margem que não encontra território para alojar a existência.

Prisioneiro de uma origem que coagulou seu sentido, fará de sua revolta um constante motivo de liberdade, sem que seus atos ofereçam uma saída para o teatro de sombras excessivas e luzes enceguecedoras que a trama de sua vida pôs em cena.

Viajante constante de uma mobilidade que recusa qualquer domicílio estável, a deriva constante de sua hospedagem em pensões e hotéis de fronteira, suas entradas ilegais em distintas geografias, as reiteradas expulsões só encontram uma referência segura na prisão para onde insiste, com suas transgressões, em voltar constantemente sob o peso alienante daquela expressão que o nomeou delinqüente, coagulando significativamente sua subjetividade nos tempos de sua primeira infância.

Encadeado aos dizeres que lhe são dirigidos como qualquer outro vivente, por que ancorou seu ser em tal nome significativo? Por que tão marcada e fixa cifra assinalando os sulcos do sujeito enclausurado em sua própria teia? Por que a escrita com seus matizes atenuantes não impediu seus decursos infernais?

Não há dúvida de que, com a linguagem, leque de significações e metáforas, atingiu momentos de encontro com um traço singular e relevante que o resgatou, em suas redes, da imensa vastidão oca que surgiu ao significar como falsa qualquer proposta de um lugar oriundo do outro. Mas, quando lhe é concedido um perdão para as penas que lhe restavam pagar depois da guerra, suas palavras foram: "Uma vez livre, eu estava perdido"[22]. É que a liberdade só se dialetiza para o ser humano se uma primeira localização se propagou nos braços significantes de outro ser humano.

---

22 Dichy, Albert, ob. cit.

A história de todos homens só transcorre como tal se os acontecimentos se encadeiam em uma seqüência, onde o traçado de sua existência se recria nas singularidades de sua vida.

Os acontecimentos são filhos da sucessão e inimigos de levar ao extremo, como únicas opções, as oposições duais.

O valor dos encontros

Em fevereiro de 49, quando surge "*L'enfant criminel*", Genet havia acedido a certo reconhecimento. A editora Gallimard empreende a publicação de suas Obras Completas e poucos meses depois, em 12 de agosto do mesmo ano, por iniciativa de um grupo de escritores, recebe o indulto para as penas que ainda lhe restavam pagar. Surge o prefácio de Sartre, que será o "*Saint Genet, Comedien y Martyr*", e Genet torna-se uma celebridade no mundo inteiro. Não obstante, chegou a dizer: "Toi et Sartre, dit-il a Cocteau, vous m'avez statufié. Je suis un autre. Il faut que cet autre trouve quelque chose à dire". "Você e Sartre, disse ele a Cocteau, vocês me transformaram em uma estátua. Sou outro. É preciso que esse outro encontre algo para dizer"[23].

Até então tinha escrito. A partir desse momento cai em um silêncio de aproximadamente seis anos, até 55, ano em que conviveu regularmente com Alberto Giacometti. "O único homem – dirá Genet – que admirei"[24].

Por que o encontro com Cocteau, Sartre e seu texto transformou-o numa estátua, petrificando-o no silêncio, enquanto o encontro com Giacometti e suas estátuas devolviam-lhe a escrita?

Encontros e desencontros no curso de uma vida decidem seus momentos. Momentos de despertar do sujeito para a existência quando algum outro ser humano o convoca ao lugar do próximo, ou, sua outra opção, tempos de morte quando, ao invés de chamá-lo ao lugar propiciatório, o objetifica.

Entre o indulto e o *Saint Genet*, os diálogos no ateliê. No meio, um encontro que talvez nos aproxime de uma pista na solução do enigma.

---

[23] Ibid., p. 20.

[24] Ibid., p. 21.

Alcancemos seu valor paradigmático na vida de nosso dramaturgo. Foi em um trem, em meio a um trajeto dos muitos que o conduziram daqui para ali, viajante perdido na neblina, impedido de se encontrar no traço que lhe indicava seu lugar de pertinência. Em *L'Atelier D'Alberto Giacometti*, assim descreve: "Há quatro anos eu estava no trem. Diante de mim, no vagão, estava sentado um velhinho horroroso. Sujo e declaradamente malvado, algumas de suas reflexões o provaram. Recusando-me a manter uma conversa pouco feliz com ele, quis ler, mas, contra a minha vontade, continuava olhando para esse velhinho: era muito feio. Como se diz, seu olhar cruzou com o meu e foi breve ou duradouro, já não sei, mas de repente conheci o doloroso; sim, o doloroso sentimento de que qualquer homem 'era exatamente igual' – que me desculpem, mas é sobre 'exatamente igual' que eu quero colocar o acento – a qualquer outro. 'Alguém me disse: pode ser amado apesar de sua feiúra, de sua idiotice, de sua maldade'. Era um olhar, duradouro ou rápido, que havia cativado o meu e me fazia me dar conta disso. E aquilo que faz com que um homem possa ser amado para além de sua feiúra ou de sua maldade permitia justamente amá-las. Não vamos nos confundir: não se tratava de uma bondade que vinha de mim, mas de um reconhecimento. O olhar de Giacometti viu isso há muito tempo e no-lo devolve. Digo o que sinto: esse parentesco que se manifesta através de suas figuras me parece ser esse ponto precioso pelo qual o ser humano seria levado ao que tem de mais irredutível: sua solidão de ser exatamente equivalente a qualquer outro.

Se – sendo as figuras de Giacometti incorruptíveis – o acidente é suprimido, o que resta então?".

Passagem da sua solidão à do ser humano, tanta dor não lhe permitia percebê-la.

No cruzamento do olhar Genet viu "exatamente" sua solidão. Ele sublinha, exatamente equivalente à de qualquer outro. Segundo suas palavras, afetado dolorosamente por esse ponto de vista perturbador de sua ferrenha posição de exceção, passam-se quatro anos até que as palavras fluam na narrativa e Genet possa falar. Sem dúvida o texto sobre "L'Atelier" é o testemunho de um diálogo que ele transcreve, acentuando, entre "ele e eu", o lugar onde o grande escritor, escrevendo-se como eu, se faz sujeito da palavra. Falando, recupera-se do siderante silêncio, pedra traumática que o hipotecou desde pequeno cada vez que, espantado, encontrou-se preso na cruel nominação dos outros: menor abandonado, ladrão, colono, delinqüente foram algumas palavras constitutivas que se tornaram o sobrenome de um nome próprio.

O diálogo com Alberto Giacometti e suas esculturas desprovidas de ostentação dão lugar ao encontro. Não só entre eles, mas ao encontro do sujeito que tinha ficado detido como pedra santa no texto bem intencionado de Sartre. Texto que fala de Genet ao invés de falar com ele.

Percorrer minuciosamente as vicissitudes do drama atroz de Jean Genet, que não foi só tragédia graças a sua escrita, palpar o horror dessa criança que tentou ser porta-voz de tantos outros calados pelas cruéis nominações dos adultos, muitas vezes expressas com as melhores intenções, talvez nos aproxime de um ensinamento a respeito do valor delicado da palavra nos tempos da infância. Os discursos que cada época produz sobre a criança e seu bem nem sempre se revelam com a humildade e a prudência sabedora do poder estigmatizante da linguagem sobre a fragilidade humana.

Contramundo

Claudio Martyniuk *

Debaixo da terra. Sair do metrô em Construção. Degrau por degrau, calor e confusão. A economia está na cabeça de *todos*: duzentos e cinqüenta pesos, cartão de débito, filas nos caixas, desespero nos guichês. Degrau por degrau, quase saindo para a claridade. Uma curva e está claro. A curva e uma explosão. Ajuntamento e confusão. Susto: uma criança, uma dessas tantas crianças, do lado de fora, por cima, está soltando foguetes. Olha sem expressão. Solta os foguetes à distância, quase com indiferença. Caem sobre os que saem, sobre os que sobem. Não está embaixo. Não pode subir. Não tem *a* economia na cabeça. Nem cartões, nem despesas semanais. Hoje. Agora. Nem direitos, nem declarações de direitos. Não sabe das comemorações – da democracia, da declaração de direitos humanos. Não se interessa pela economia. Não sobe. Não desce. Solta foguetes. Por acaso incomoda? Pode queimar camisas finas. Tira o sossego? Quem se lembra? Desaparece. Mais desaparecidos. Na cabeça de todos está a economia. Não resistimos. Desaparece tudo. Desaparece a sensibilidade. Solta foguetes. Nada. Nada surte efeito. Silêncio. Desaparecem as palavras. Na cabeça de todos está a economia. Duzentos e cinqüenta pesos. Desaparece o dinheiro. A safra já

---

* Professor de Filosofia do Direito e de Epistemologia das Ciências Sociais da Universidade de Buenos Aires. Escritor. Autor dos seguintes livros: "Positivismo, hermenéutica y teoría de los sistemas" (Biblos, Buenos Aires, 1994); "Wittgensteinianas. Filosofía, arte e política" (Biblos, Buenos Aires, 1997); "Razones y acciones" (del Riel, Buenos Aires, 1998); "Al olor de Argentina" (Tantalia, Buenos Aires, 2003).

tinha desaparecido sob as águas. Antes tinha desaparecido o trabalho. Desaparecem as contratações. Democracia. Direitos humanos. Duzentos e cinqüenta pesos. Vinte mil desaparecidos. Uma criança solta foguetes. Incomoda. Já passou o incômodo. Na cabeça de todos está a economia. Desapareceu a cabeça.

11/12/2001

Facilidade

> Aniquilação significava isso: apagar da face do mundo, juntamente com o homem concreto, aquilo que harmoniza este mundo.
>
> PETER HANDKE, *A repetição.*

Não aprovam explicitamente o desaparecimento, não obstante, a maior parte dos valores que são admirados e praticados – transgressão das regras, recorrer a atalhos, desconsideração pelo outro, triunfalismo, impaciência, desconfiança, etc. – se alimentam e florescem em um contexto violento como o que provocou o desaparecimento de pessoas; esse contexto está distante da cultura da vergonha, também da cultura da culpa e, muito mais, da responsabilidade. Nesse contexto, uma escassez de alimentos é subseqüente ao desaparecimento. Resta a peste, mas metidos dentro da sujeira não tardará em chegar.

Caindo com facilidade nas ilusões de renovação apenas por ampliar uma representação, ou, tão somente, por obscurecer um pouco aquelas que já integram o passado. Adormecidas essas ilusões sempre parecidas, sempre encharcadas da sugestão de se assimilarem a tudo o que está em volta, ao que brilha e oculta uma fonte obscura. O visível é Odradek, forma kakfkeana que as coisas assumem no esquecimento. Desfigurados pela uniformidade, os corpos se convertem em museus e a obscuridade resta como único lugar. É doloroso para a sensibilidade, mas a lógica grotesca faz com que isso seja uma comédia para a inteligência. Seria preciso gritar; seria preciso rir da estupidez. Mas só resta o arrastar de homens inúteis que, embrutecidos em sua comodidade, recorrem a uma fé esportiva. Um inocente radicalismo mantém sua perpétua adolescência, mas sem perturbar a languidez histérica ou o tédio, o bocejo que devora, que torna todo feito inútil. E tudo isso sem perturbar a incomensurável arrogância.

Figuras sombrias, homens inúteis, alunos da escola primária preocupados com a possibilidade de ir para a cadeia, resignados nesse sistema que adotou a violência como corpo, a falsidade como alma. Como se fosse um sacrifício, que não é, a Argentina esvazia a si mesma, se humilha e flagela, cultiva a dor. Torna estranhos os sucessivos níveis de realidade, deformando com frenesi. Com frenética facilidade.

"Me aplaude depois de cantar?"

A prosa, ação evocada na tranqüilidade. Angustiante ausência de palavras frente a uma ação reduzida à imagem depreciada. É o pedido que já não é um grito, é a voz rotineira de uma criancinha, sempre a mesma, cada vez maior. E a couraça daquele que passa. O caminho infestado. Passam pelo pedido, insensíveis, passam como pelas praças, pelas estações e pelas esquinas, de costas, sem olhar: passam, cansados, indiferentes. Uma senhora cansada de ser abordada pelos meninos. A criança que busca mecanicamente uma mão, um beijo, uma aproximação através de uma moeda. Os meninos parecem apenas passar. Vivem. Os passantes, como sombras que imploram um vento bíblico que limpasse a feiúra intrusiva. Não é preocupação com uma economia de gestos; não é desejo de compreender o conteúdo. É, antes, uma questão estética; é, antes, uma afecção dos sentidos. É a mínima sensibilidade, mais lisa do que uma folha, mais vazia do que a tinta no papel. Nada se realiza. Esquivam-se. Por que se protege a pele? Sob pensamentos ziguezagueantes, à indignação se segue a distração, a indiferença, a comodidade. Reagem aos estímulos, mas afastam esses seres aparentando solidariedade. Buenos Aires, um estranho caso de simulação social que a cada momento mostra uma intensa falta de sociabilidade, e nela alguns se enlaçam.

O passado cresce. E emudecidos, autocomplacentes, a consciência se estreita. Ninguém sai do caminho e é o mesmo amanhecer, o mesmo entardecer. Isolados, expostos ao frio, sós em um horizonte de eterno outono, ensimesmados nas horas vazias. Às vezes, um esboço de carnaval sempre abortado, conquistando restos abandonados. Sempre criaturas provisórias. Não se trata de exercitar a intensidade da transgressão, nem de se perder em sonhos enquanto estão aflitos com a incessante alternância de rituais: droga, roubo, ajuda, abandono, prisão, tortura. Assim se fragmenta a forma de vida.

O que fazer? Talvez assumir a passividade: não se encarregar desse mundo em que desaparece a desaparição (re-desaparição). Desaparecem sob a forma de meninos de rua, seres que ficam em buracos do espaço público. Todos poderiam vê-los, mas só são visíveis quando causam algum dano. São efemeramente experientes, experimentam, reiteradamente, a irrealidade. A experiência alienada, entre o otimismo ingênuo e o desespero, configura uma fantasmagoria, uma fantástica visão através da qual são representados por um espírito autocomplacente. Arte fantasmagórica que carece da vivacidade das pessoas que não as reconhece como portadoras de direitos e só os trata como seres predestinados ou atavicamente determinados. Nenhuma imagem deles persiste, nenhuma representação os mantém presentes até darlhes a palavra, até interrogá-los sobre o que fazer. Persiste a expulsão, reina o fracasso social da imaginação. Diz-se: "necessitam de amor". Pratica-se a exclusão. Não importa a verdade ou não do mito da necessidade de amor, algo que só uma completa arqueologia do humano poderia esclarecer, mas, imaginados no desamparo, nesse teatro da crueldade se os desampara, se os anula dia a dia. Só querem que desapareçam, são tratados como moscas pegajosas; às vezes são fonte de temor, às vezes, sem culpa nem idéia de responsabilidade, brota uma lástima fugaz. Só querem não notá-los. Longe, fora, onde possam ser esquecidos, nunca mais experimentados.

Pede um aplauso ridículo, uma mísera moeda. Não pede nada, obtém menos do que nada.

Direitos

> Longe vai o menino, corporalmente são, mas moralmente rebelde.
>
> Robert Louis Stevenson, *Juego de niños*

O sonho, a aventura, a ação, por acaso seriam melhores sem a iniciativa, a vontade e o ímpeto vital? Talvez fossem como a carne petrificada que viaja no metrô. Já estão ameaçados pela terra natal; já estão anulados pela preguiça que reina e, além disso, trata de expropriar-lhes suas experiências. É certo que roubar, se drogar e toda a restante confusão de acontecimentos já não se convertem em experiências. É certo que vivem sob uma opressão cotidiana, sem uma geração que lhes transmita experiências, despojados da autoridade da palavra e da narrativa. Mas são caçados, de fora são reduzidos a um "caso", a um "tipo", a uma imagem. A larvas. Como se não fossem sujeitos que alcançam algumas certezas sofrendo, como se o gozo e a transgressão não se vinculassem. Deve-se impor-lhes o bem, e isso se chama educar; deve-se reforçar a moralidade, e isso se chama remorso. Objetos de outros – os sujeitos da enunciação –, ainda emudecidos por aqueles que sabem da subjetividade como sujeito da linguagem. A que se refere esse "eu" mudo? A uma opressão das entranhas, a uma normalidade policial, ao destinatário de uma sátira cruel e violenta, a uma figura de surdas orações.

Esse "eu" mudo, um feixe de imputação de normas. Mas de quem deveriam exigir seus direitos? E por que o exigiriam sempre de um terceiro? Por acaso deveriam seguir a lógica do protesto político e se manifestar, fazer piquetes e, finalmente, pedir e pedir? Tomam em suas mãos o direito à subsistência, como se isso não dissesse respeito a mais ninguém senão a eles. Ficam em um jogo solitário, em um jogo selvagem (depois de tudo, o direito, pelo menos na Argentina, mostra-se como um jogo selvagem). Soltava um grito que buscava justiça, que desconfiava do direito, das mãos de seus agentes, da dureza de suas prisões, dos abusos que a "prevenção" esconde, da hostilidade que habita os institutos. Saía de um contramundo.

Desde então recordar não é o superficial voltar ao que tinha ocorrido, já que, a partir de então, voltando, a experiência mostra o seu lugar. Desde o contramundo é possível designar um lugar para o que se viveu. Esquecendo, sem dar lugar ao humilhado que canta grotescamente no metrô, com os sentidos adormecidos; ou formulando, afastando a autoridade da ação; sempre desconsiderando. Talvez, e como nos anos de ditadura, os anos dessa infância desaparecida resistam a ser narrados; talvez bastem as palavras repressão, frio, indiferença coletiva, fome, tortura, sujeira. Essa crepitação dura e constante no deserto argentino, esse contramundo pode auxiliar a memória, recuperando o tempo apagado, remontando à persistente desaparição, esvaziando os sentidos embotados, talvez, então, os filhos desses filhos não precisem de um ódio e de um espanto como os seus. Mas necessitamos da rebeldia para sair do caminho da desaparição.

Monstros

> Em um mundo onde nada tinha importância alguma, criar a pressão, a força da subjetividade, equivaleria a criar um monstro.
>
> Cesar Aira, *El mago*

Quando uma carícia se torna inimaginável (e não porque não a tiveram em seu âmbito, mas pela condenação mortal que recebem dos outros). Quando um grito de horror já é possível (e para isso deve-se ter vergonha). Quando do mutismo da paisagem, da arrogância, do olhar carregado de aversão se consegue passar para a atenção capaz de dar-lhes o calor, capaz de alcançar um cansaço comum. Isso é parar diante deles, é sua aparição como valor, como se fossemos curados de uma longa cegueira.

Por acaso se preocuparam em como nossa visão de nós mesmos como pessoas que levam adiante suas próprias vidas e devem dar conta de seus atos, desde o desaparecimento sistemático de dezenas de milhares de semelhantes, se transformou? Ou melhor: desde a passividade diante da desaparição e de todas as sucessivas camadas de aniquilação que foram se sucedendo e que, política e economicamente, pesam sobre os velhos e as crianças, o direito, a educação e a ciência? Nossa visão normativa sofreu uma transformação atroz, que afeta a consciência que funda, que acompanha nossas atividades. A certeza do que somos capazes de fazer, assim como do valor de nossas próprias razões estão feridos mortalmente, e basta ouvir uma criança da sexta série para notá-lo. Mas a surdez, a superstição e a negação, a mesma negação do desaparecimento, continuam alimentando a aniquilação. E assim, "a delinqüência juvenil" é a figura retórica que encobre e legitima a manutenção.

Determo-nos. Guardar dentro de si a imagem dos meninos dormindo no chão das estações, esgotados. Não é o cansaço da passividade evasiva. Estão amarrados e a todo o momento se desamarram, esforçam-se para viver, mesmo quando cheiram cola. Nós somos alguma coisa, pelo menos desgraçados. Boa parte do que acontece já não se pode remediar, sim, pode-se sentir alguma coisa através da ausência. Sim, pode-se ainda passar da lembrança de fatos à rememoração de sensações. Entretanto, continuaremos sendo aqueles que Jó identifica: "Os que edificam desertos para si".

Como a vida dos pais que não chegou a ser vivida

Flutuam na paisagem com melancólica inconformidade, enfrentam os problemas existenciais desde o plano mais fundamental, mais essencial da sensibilidade e do pensamento. Com vitalidade para o choque. Com vitalidade destrutiva, autodestrutiva. E seus pais? Diminuídos, degradados, animalizados. Pais, famílias atropeladas, em extinção, aniquilados, desaparecendo. E, como afirmou Jung, nada influi tão poderosamente nas crianças como a vida dos pais que não chegou a ser vivida. Que futuro configura para os filhos? Ezequiel Martínez Estrada, escrevendo sobre esse pai, em *El mundo maravilloso de Guillermo Enrique Hudson* [O mundo maravilhoso de Guillermo Enrique Hudson], responde que resulta de uma "uma sucessão de fracassos, diminuir seus escassos bens gastando-os, criar seus filhos sem nenhuma aspiração nem esperança, educados em seu desalentador exemplo. Preencher de percalços o seu caminho. Geralmente se acrescenta à injustiça dos homens a ordenação em série das adversidades até que, tudo junto, configure um rosto impassível que jamais sorri". E, sobre um filho em particular – Hudson –, afirma que "recebeu a maior parte da herança do pai, que era a de matar toda a esperança e não pedir nada à vida. Reconheceu o quanto era estranho entender que os defeitos do pai representassem, com formas sensíveis, suas mais elevadas ou brilhantes qualidades". A nossas crianças vagabundas e criminosas, que estão suspensas, flutuando na cidade, a tarefa de pensar lhes é penosa. São inúteis. Hudson também o era – como nos ensina Martínez Estrada–. Crescem, fazem. Pedem, mas não parecem pedir nada à vida. Vivem, salvo se forem condenados a desaparecer.

No que lhes diz respeito, por acaso rege um ideal espiritual de impassibilidade? Não. Mas a pele evita o contato. Qual é o porquê do não, da rejeição sensível? Como é possível que se seja indiferente? São corpos, mas é como se não tivessem nenhum olhar nem gesto de reconhecimento, corpos que não recebem respostas dos outros, outros que somos nós, sem dor, sem aproximação. "Toda sensação é acompanhada de dor", ensinou um filósofo pré-socrático. Mas o andar pelas ruas, o caminhar em uma estação, o estar viajando no metrô expõe a ausência de dor. Envoltos em estados de coisas, sem sensações, sem uma abertura para o mundo, sempre na imanência. Sem o poder da atenção que torna a percepção mais intensa, sem que o corpo inicie o trabalho da atenção que se mantém com as lembranças. Sem a atenção, como ensinou Henri Berson em *Materia y memoria* [Matéria e memória], não há senão uma justaposição passiva de sensações acompanhadas de uma reação automática. Sem velar, que significa querer, desmaterializam-se os corpos, tornam-se nada. E esse fato, esse mundo exterior é tão desolador como nosso mundo interior.

Entretanto, eles se refugiam em alguns lugares. Quando fecham as estações, descobrem lugares menores e ali, às vezes, encontram tranqüilidade. Sofrem. Também transgridem normas. Às vezes encontram algum perdão (uma resposta jurídica). Não encontram promessas (como se não existisse verdadeiro laço social). Recebem palavras que enchem os bolsões de miséria.

Reflexões sobre a Sociedade e "A Criança Criminosa" Aspectos Políticos e Jurídicos

Fernando Sabsay *

"To be or not to be. That is the question".
WILLIAM SHAKESPEARE

Um pouco de história

A rádio francesa ofereceu a Jean Genet, após sua saída da prisão onde cumpria uma pena que lhe foi reduzida a pedido de Jean Paul Sartre, um espaço no programa "Carte Blanche", para uma conferência; ele aceitou. Também aprovaram o texto daquilo que ia dizer. Não obstante, a transmissão não se deu, pois, posteriormente, lhe retiraram o convite.

---

* Professor titular, doutor da Faculdade de Direito e de Ciências Econômicas da Universidad de Buenos Aires. Presidente do Tribunal Judicial Acadêmico da Universidad de Buenos Aires. Professor Emérito da Escuela de Defensa Nacional e Coordenador do Conselho Acadêmico. Vice-presidente da Academia Argentina de la Historia. Vice-presidente da Academia Argentina de Ciencias de la Comunicación. Acadêmico de Número da Academia Européia de Ciências, Artes e Letras. Presidente da Fundación de la Universidade de Tres de Febrero.
Condecorado, em 1958, Comendador da Ordem Cruzeiro do Brasil. Condecorado, em 1990, Cavalheiro da Ordem Nacional do Mérito do Governo Francês. Condecorado, em 2000, Cavalheiro da Legião de Honra Francesa. Premio Puschkin no Segundo Centenário da Federação Russa. Vinte e cinco livros publicados sobre história das instituições argentinas e latino-americanas.

Acredita-se que a atitude deveu-se ao fato de que, além de seu texto, rejeitado, Genet exigia interrogar durante o programa um magistrado, um psiquiatra oficial e um diretor de penitenciária.

Em vista de não poder usar a transmissão pela rádio, Genet decidiu publicar em um livreto, em 1949, o que tinha se disposto a dizer na rádio. Neste livro encontra-se traduzido do francês o que foi publicado com o título: "*L'Enfant criminel*".

O delegado de Proteção à Infância na França, Henri Joubrel, escreveu um artigo em resposta ao trabalho de Genet: "Jean Genet é perverso e se vangloria disso...".

Nesse trabalho, faz menção a alguns parágrafos de *A criança criminosa*, que reproduzimos, acrescentando alguns outros.

Raciocínio singular

"O jovem criminoso exige ser castigado sem respeito". "Com certa vergonha declarou que foi absolvido ou condenado a uma pequena pena. Deseja o rigor. Exige-o. Em seu foro íntimo conserva a esperança de que a forma tomada seja a de um inferno terrível e a casa de correção um lugar do mundo de onde não se retorna. É certo, não se retorna, se sai sendo outro. Atravessou-se uma fogueira... que a experiência seja terrível, a fim de consumar uma imperiosa necessidade de heroísmo.

A criança criminosa é aquela que forçou uma porta que dava para um lugar proibido. Deseja que esta porta se abra para a mais charmosa paisagem do mundo, exige que o presídio que mereceu seja feroz. Digno, por fim, do trabalho que lhe custou conquistá-lo. Desde alguns anos, os homens de boa vontade tentavam abrandar tudo isso". "A sociedade busca eliminar os elementos que tende a corromper. Tenta-se conseguir diminuir a distância moral entre a culpa e o castigo [...] o impulso que leva a criança de quinze anos ao delito ou ao crime é o sentimento romântico, a projeção audaz, magnífica e perigosa de suas vidas para lutar, para opor-se à organização tão forte da sociedade, às suas instituições mais severas e às leis que a protegem". "... É para elas que falo (para essas crianças), lhes peço que jamais se envergonhem do que fazem, creio que não haja remédio contra o heroísmo".

"... Sobre as quais fazem repousar suas regras morais..." "... sofram mais do que um poeta, lhes fala um poeta que é também um inimigo; eu escolhi e estarei do lado do crime e ajudarei as crianças a não respeitar suas casas, suas fábricas, suas escolas, suas leis... mas a violá-las". Sim!

"Seremos a matéria que resiste e sem a qual não haverá artistas. Esse talento dos seus poetas glorificou o que vocês odeiam da vida".

Concluindo: "Eu não tenho ilusões", "eu ainda não quero insultar os insultadores".

Resposta social

É de se observar na transcrição, em alguns casos de forma textual e em outros parafraseados, o rebelde que esgrime a causa de sua atitude, um revulsivo da sociedade em sua origem, irritando os que, segundo Genet, usam a violência para exteriorizar sua reação frente ao que a sociedade lhes impõe.

Por isso Genet é chamado o *Protetor*, delegado da infância na França, perverso, pois delinqüiu e continua surdo às exortações da ordem.

Uma ordem social, econômica e política consolidada em uma construção sólida de normas jurídicas que desenvolvem, progressivamente, uma estrutura correcional que estimula o objetivo educativo, que pretende preencher o vazio da substituição da coerção pela palavra que tem a intenção da reintegração social dos infratores juvenis.

Desde a metade do século XX, cresceu em todo o mundo a preocupação com a violação dos *direitos da criança* nas políticas e nas práticas relacionadas à justiça juvenil. Encontra-se ali uma das áreas mais freqüentemente criticadas pelo *Comitê dos direitos da criança*, organismo encarregado de supervisionar a aplicação da Convenção das Nações Unidas sobre os Direitos das Crianças.

Esta é uma realidade concreta que permanece oculta e ignorada.

Há várias décadas existem normas internacionais de importância cada vez maior, normas de órgãos intergovernamentais e institutos afiliados às Nações Unidas e às ONGS (Organizações não governamentais) internacionais e regionais que trabalham no campo da justiça juvenil.

As principais normas relacionadas à infância atualmente em vigor são:

a) A Convenção sobre os Direitos da Criança (CDC) de 1989.
b) As Regras Básicas das Nações Unidas para a Administração da Justiça de Menores, de 1985, conhecidas como as Regras de Beijing. Entre outros aspectos, dizem que as Regras que estabelecem devem ser consideradas em um processo e com as devidas garantias; o tratamento especial outorgado às crianças durante o julgamento; além disso, assinalam que "devem ser tratados de acordo com o fomento de seu sentido de dignidade e com o valor, [...] de maneira que se leve em conta a idade da criança (artigo 40)". As Regras acrescentam que os procedimentos em que um jovem está envolvido deveriam acontecer em um ambiente de compreensão, que permita ao menor participar dele e se expressar livremente (artigo 42). Os pais normalmente deveriam estar presentes e deve-se respeitar a intimidade da criança, o que significa, entre outras coisas, que os processos devem acontecer a portas fechadas e que nem as autoridades, nem a imprensa devem divulgar a identidade da criança.
c) As Regras das Nações Unidas para a prevenção da Delinqüência Juvenil são de 1990.

Institutos de proteção

Durante o século XIX, o século do constitucionalismo, surgiu uma nova série de profissões. Entre elas, os assistentes sociais e os educadores especializados. Estas novas carreiras se agruparam sob um mesmo gênero de ocupação, *o trabalho social.*

É evidente que o vertiginoso desenvolvimento iniciado com a Segunda Revolução Industrial produziu conseqüências na política, na sociedade e no jurídico, onde a despersonalização do capital e sua influência sobre o poder foram os fatores proeminentes na necessidade de mudança de antigas atitudes para conseguir uma maior proteção aos setores menos favorecidos.

A família recebeu o mais forte impacto na transformação social, já que o pai e a mãe se empenharam para satisfazer as exigências econômicas da casa, perdendo o contato e o controle habitual de seus filhos e pondo em perigo a relação pais-filhos.

O vazio foi se aprofundando na sociedade atual, na qual o tradicional missionarismo civilizador do mestre não encontra, pelas razões anteriormente citadas, a resposta adequada na vida familiar, mas, ao contrário, as horas que se seguem àquelas passadas nos estabelecimentos educacionais transcorrem na "escola da rua ou diante da fascinação hipnotizadora da tela diabólica", os programas de televisão.

Foi assim que nasceu um sistema protetor, tutelar e assistencial para crianças e adolescentes que se encontravam em alguma situação de risco.

É quando, no corpo da comunidade, produz-se a expansão do *assistente social*. Seu trabalho se realiza até os limites das classes "menos favorecidas". Toda novidade do trabalho social estaria em um objetivo comum, em uma crítica e solução possível das antigas *atitudes de repressão* ou de *caridade* na realização de um interesse educacional sem limites, procurando mais a compreensão do que a sanção judicial, substituindo a boa consciência da caridade pela busca de técnicas eficazes.

Sobre a criança "em perigo" será criada uma infra-estrutura de prevenção que possa detê-la e reeducá-la antes que ela cometa um ato delituoso. Para isso, o saber psiquiátrico, sociológico e psicanalítico, antecipando-se ao drama, ou à ação policial, substituiriam o braço secular da lei pelo conhecimento do educador.

O conhecimento especializado dissuadiria o poder repressivo através de uma *educação libertadora*.

O objetivo é transmitir para a sociedade o efeito socialmente decisivo do trabalho social, a partir da disposição estratégica das três pautas que a compõem: a judicial, a psiquiátrica e a educativa.

Para tanto, desde uma etapa inicial do que geralmente se chamou "salvadores da criança", o interesse primordial pela fundação de instituições judiciais e correcionais especiais, o chamado *reformatório*, cuja criação se produziu na metade do século XIX, nos Estados Unidos, com um sistema especial de reclusão disciplinar para adolescentes e jovens, atentos ao crescente índice de criminalidade. Tais institutos deviam cumprir uma única função específica, converter esses menores perigosos, ou em perigo, em cidadãos respeitadores da ordem jurídica imperante, o que se chamava um "cidadão útil". Construindo-se os reformatórios no campo porque se considerava o lugar mais apropriado para educar.

Uma quantidade de princípios serviu de base para o que mais tarde se chamou "situação irregular", para legalizar a atuação tutelar e paternalista do Estado sobre as crianças com faculdades ainda maiores que as do pai natural.

Sistema Judiciário

Nos países não existe uma linha divisória clara e precisa entre as filosofias e os métodos em que se baseia um sistema de justiça geral e o que se deve aplicar aos jovens.

Sua diferença fundamental reside em que as crianças, cujas idades máxima e mínima não estão fixadas de forma igual nos Estados, se preparem para a reintegração social do infrator.

A justiça juvenil não utiliza em sua resposta jurídica uma sanção indulgente para o ato delituoso cometido, mas estimula um processo de mudança de conduta, o que Genet chama uma *atitude servil para conviver na sociedade*, ajudando a criança a se sentir responsável por seus atos e a compreender o efeito que tem sobre os demais; evitam portanto o sistema formal dos tribunais e, sobretudo, as respostas meramente punitivas como a privação da liberdade, sempre que for possível dar maior importância às soluções construtivas que se apóiem na participação da comunidade.

Em alguns países, esse controle social sobre as crianças sem limite definido é até quatorze anos e, em outros, até os dezesseis anos de idade. O primeiro *Tribunal de Menores* foi construído em 1899 em Ilinóis, Estados Unidos da América.

Consistia em uma Câmara especial constituída para determinar a categoria jurídica das crianças que apresentavam problemas em seus atos de vida. Não eram acusadas de ter cometido um ato ilícito, mas lhes era oferecida ajuda para seu futuro desenvolvimento. O trâmite judicial era secreto e as audiências eram celebradas em uma esfera privada.

Qual era o perfil dos juízes que integravam essas câmaras?

Anthony M. Platt, em seu livro *Los salvadores del niño o la invención de la delincuencia* [Os salvadores da criança ou a invenção da delinqüência], nos diz que os funcionários que as compunham não tinham as características do advogado nem as daquele que deve julgar condutas, mas a do conselheiro, isto é, conhecer a fundo a criança para servir-lhe de guia. O juiz que integrava esses tribunais ocupava-se das crianças delinqüentes ou pré-delinqüentes, com um fim *assistencial* dentro de um estrito sistema de normas (produto de leis especiais sobre o tema), disciplina e organização, para que as crianças e adolescentes compreendessem as conseqüências de seu mau comportamento e escolhessem "o bom caminho" para o bem da sociedade que os amparava.

Em resumo, todo movimento em torno dos reformatórios e dos tribunais de menores sustentou-se no estabelecimento de leis posteriores que contemplaram: a) a atividade desses órgãos da justiça de menores: o procedimento penal; b) a idade a partir da qual se podia declarar uma criança penalmente responsável; c) a possibilidade de dispor indefinidamente daquelas crianças "em perigo" e, d) os castigos ou sanções a que poderiam ser submetidas, etc.

Cabe destacar que, em seus conceitos e, em especial, em sua atividade, toda essa política educativa era composta, em grande parte, por mulheres. Mary A. Beloff nos diz: "a prisão ideal é somente aquela que não existe a propósito da prisão de crianças e jovens no Reformatório, porque as mulheres tradicionalmente se ocupam das crianças e seu próprio sexo assim o aconselha".

Desde o início do século XX foram sendo estabelecidas leis dentro desse sistema, chamado tutelar ou assistencial.

Como prova disso, na Argentina a lei do Patronato de Menores, número 10.903, foi sancionada em 21 de outubro de 1919. Esta lei diferenciou o menor que cometeu um delito e aqueles que estavam em um estado de ameaça para a sua família, pelas condições econômicas, pela educação ou por qualquer outro fator semelhante.

Não obstante, apesar da presença protetora do Estado, os índices de marginalidade e violência aumentaram.

Em nosso país, os atuais índices estatísticos sobre violência praticada por crianças e jovens depois da aplicação da lei do Patronato e de normas posteriores mostram que essa lei fracassou. O que demonstra que o "direito penal atenuado" e a etapa chamada "doutrina da situação irregular", onde se desenha a ação do estado frente à suposta infração da lei penal de menores, soma-se também a situações ligadas ao abandono, a carências econômicas e a modos de vida que a comunidade aceita ou nos quais consente.

Ao ser criado o primeiro Tribunal de Menores, seus fundamentos são expressos no "*Juvenile Court Act*": "A Lei sobre Tribunais de Menores foi inspirada no conceito de que o Estado deve assumir a guarda de todo menor que se encontre em condições sociais ou individuais tão adversas que possam induzi-lo a cometer um delito".

Propõe-se um plano segundo o qual o menor não será tratado como delinqüente, nem será acusado legalmente de cometer um delito, mas será considerado como um pupilo do Estado sujeito a sua atenção, vigilância e disciplina, como os menores abandonados ou desamparados, e, enquanto for possível, receberá "o mesmo tratamento que seus pais deveriam dispensar-lhe".

Lemos em Julio César Morales, em *Infancia y Derechos Humanos: Discurso, Realidad y Perspectiva de la Corporación Opción** [Infância e Direitos Humanos: Realidade e Perspectiva da Corporación Opción]: "A reforma no âmbito da responsabilidade juvenil deve ter como objetivo primordial a redução das privações de liberdade ao mínimo possível. Nesse tema, a experiência comparada quanto ao debate sobre as medidas alternativas deve ser cuidadosamente ponderada, tendo sempre presente a possibilidade de que uma abordagem incorreta do problema conduza antes à manutenção dos índices de privação da liberdade e ao uso de alternativas como forma de ampliação da rede de controle social".

O que vou narrar – retirado do livro de Daniel Herrendorf, *El sueño dogmático de América Latina* [O sonho dogmático da América Latina] – refere-se à visita realizada por uma mulher e sua filha menor, de catorze anos, a um preso comum, na qual, para poder chegar até ele, tiveram que se submeter a revistas vaginais que, posteriormente, deram lugar a uma ação de proteção na Suprema Corte de Justiça Nacional.

A Justiça revalidou o procedimento utilizado, ainda que existissem outros meios para atingir o mesmo objetivo sem chegar à humilhação, à

---

* Corporación Opción é uma ONG que luta pelos direitos das Crianças e dos Adolescentes. (NT)

desonra daquelas que a padeceram. Esta sentença foi denunciada à Comissão Interamericana de Direitos Humanos de acordo com o Pacto de San José de Costa Rica. Situações similares ocorreram em visitas a crianças e adolescentes reclusos.

A título de exemplo

A Finlândia, segundo as estatísticas atuais, ao substituir um sistema carcerário rígido por um flexível, fazem 30 anos, é o pais da União Européia com menos presos em suas prisões e a polícia é respeitada por seu comportamento correto. As prisões não têm cercas na entrada, têm um mínimo de guardas, já que a vigilância é feita por câmeras e redes de alarme eletrônico. O preso é internado em uma instituição de tipo estudantil. Os guardas não estão armados e usam trajes civis sem emblemas ou outras insígnias. São concedidas licenças aos presos. Quando se está no fim da sentença chegam a conceder-lhes quatro dias para estar com sua mulher e seus filhos. De acordo com sua população, a Finlândia tem 52 prisões para cada cem mil habitantes; comparativamente, os Estados Unidos 702, a Rússia 664 e Portugal 131.

Os jornais finlandeses não estão cheios de notícias de sexo e de crimes. Praticamente não existem diferenças nas classes sociais, espalham simpatia e a população confia em suas instituições cívicas. Sem maiores desigualdades econômicas, a violência não se externa.

Lídia Ayora Mascarell, em *Alternativas al internamiento en la jurisdicción de Menores* [Alternativas à internação no Juizado de Menores], referindo-se ao que ocorreu na Espanha, diz:

> "De qualquer maneira, parece que a população sujeita a medidas penais, sejam judiciais ou extrajudiciais, não diminuiu, mas se diversificou para atender às necessidades dos dois sistemas: o das alternativas e o da internação".

Jesus María Silva Sánchez em seu livro, *Aproximación al Derecho Penal* [Aproximação ao Direito Penal], reproduz as seguintes palavras de Luigi Ferrajoli, as quais consideramos apropriadas, sobre o futuro da responsabilidade do adolescente: "O direito penal, mesmo quando cercado de limites e garantias, conserva sempre uma intrínseca brutalidade que torna problemática e incerta a sua legitimidade moral e política".

> "Um sistema penal só se justifica se a soma de violências, delitos, vinganças e punições arbitrárias que ele pode evitar for superior ao das violências constituídas pelos delitos inevitáveis e pelas penas para eles determinadas".

Guillermo Enrique Freile, em *Régimen penal de menores en Argentina* [Regime penal de menores na Argentina], nos diz:

> "É imperioso insistir para que, no menor prazo possível, a legislação argentina, em matéria de direito penal juvenil, vá tornando realidade a já impostergável e tão desejada evolução do arcaico sistema tutelar ou assistencial vigente para o da proteção integral dos direitos da criança. [...] já que a Convenção Internacional dos Direitos da Criança e demais tratados internacionais sobre direitos humanos têm caráter constitucional, o que significa que são flagrantemente inconstitucionais as normas que atualmente regem o sistema penal juvenil de nosso país".

Reflexão final: Jean Paul Sartre

No texto de Jean Genet encontramos um entrecruzamento entre os princípios do educador que se afasta da sanção-castigo e o desejo do delinqüente que aspira provar a força de sua personalidade através da importância da sanção que lhe impuseram.

Por isso o sistema educacional está obsessivado, através de suas doutrinas e do aparato judicial por coerção.

Alguns magistrados e juristas penais externam o temor que lhes provoca o fato de que foram levantados os diques de contenção, isto é, as sentenças aplicadas como exemplos dissuasivos da prática de delitos. Não provoca, em contrapartida, uma exacerbação da violência em potencial que o ser humano luta para ocultar, mas que o acossa permanentemente?

Como não temer que, à margem da coerção, a relação educacional não encontre outra regra de jogo além da sedução, mútua e sem fim, entre aqueles que não sonham mais que com a "aventura" contra as regras do bem, estabelecidas pelo Poder na sociedade? O anátema de Jean Genet, agressivo, anárquico, surdo a outras idéias, assim o atesta.

Ocorre-nos uma única resposta à antinomia interpretativa absoluta do bem e do mal: admitir a possibilidade democrática do diálogo sem conciliar os princípios esgrimidos por cada um que nos põe diante de um procedimento autoritário.

É aqui que são necessárias outras disciplinas singulares para interpretar ou debater as afirmações genetianas.

O que parece claro é *a necessidade* de uma estratégia em que o sistema de responsabilidade penal juvenil represente um passo na descriminalização progressiva das condutas conflituosas de adolescentes, um passo na luta pela redução e possível eliminação das prisões e um recurso à alternativa punitiva.

Jean Paul Sartre, em seu ensaio *Saint Genet, comediante y martir*, escrito depois do livro de Jean Genet, *Le journal du voleur – Diário de um ladrão* –, afirma que, em sua infância, Genet foi injustamente acusado de ladrão e como castigo foi enviado para o reformatório. Isso deu lugar para que mais tarde Genet se transformasse em um ser inclinado para a delinqüência, tal como a justiça da sociedade o viu ao julgá-lo.

Ao longo de seu ensaio, Sartre estabelece que não acredita que os homens nasçam medrosos ou corajosos, não há uma identidade estabelecida geneticamente, mas são as situações posteriores da vida que marcam as características com as quais se reconhece o indivíduo. Recordemos José Ortega y Gasset, quando escreve: "o homem é o mundo e as circunstâncias que o rodeiam".

Sartre afirma que se acede a uma *identidade provisória* em função dos atos que se realizam e que refletem a imagem que os outros têm de alguém. Chama-a de *attitude de mauvaise foi*, atitude de má fé, terminando por ser a forma de mentir a si mesmo. Foi assim que Jean Genet justificou retrospectivamente a acusação da qual tinha sido objeto.

Digamos, então, segundo Sartre, que Genet consagrou a sua existência a ser o que os outros viram nele. Não é o que se traz, mas o que a sociedade oferece.

Só para recordar, diremos que Jean Genet foi o herói ideal para uma geração vinculada a personagens singulares, capazes de encarar *Maio de*

1968, em Paris. Nesse ano a aproximação de Genet com Cohen Benedit foi intensa.

Jean Genet nasceu em 19 de dezembro de 1910, de pai desconhecido. Sua mãe entregou a sua guarda para a proteção do estado, de onde uma família adotiva o mandou para a escola da qual saiu com seu certificado de estudos em 1923. Acusado de roubo um dia, como já dissemos, foi mandado para a prisão de reabilitação durante cinco anos, de 1923 a 1928. Morreu em 1986.

“Entre a abjeção e a santidade”[1]

Isidoro Vegh *

1 – A traição de Genet

Inicialmente é a minha traição que se impõe: como falar, a partir da crítica literária, ou em um escrito universitário, ou ainda no melhor lugar das coordenadas analíticas – as da psicanálise – para abordar um autor e uma obra que centrifuga as consagradas opções?

Só me resta um recurso: assumo, como Genet gostava, a posição de traidor. Vou desnudá-lo! Para tanto vou cobri-lo com minhas palavras, ago-

---

[1] Fragmentos do seminário Incidências da análise. Proferido na Escuela Freudiana de Buenos Aires no segundo semestre de 2002.

* Psicanalista, clinica em Buenos Aires, lugar também de seu ensino. Membro fundador da Escuela Freudiana de Buenos Aires, diretor, durante vários anos, da revista Cuadernos Sigmund Freud. É autor de La clínica freudiana, Matices del psicoanálisis, Las intervenciones del analista, Hacia una clínica de lo real e El prójimo, enlaces e desenlaces del goce; e, conjuntamente, Del escrito, El objeto del arte, La creación del arte, Las psicosis, Joyce o la travesía del lenguaje, Una cita con la psicosis e Los discursos y la cura.
É membro fundador de Convergencia, movimento lacaniano para uma psicanálise freudiana, estrutura internacional que tende a difundir a psicanálise por diferentes partes do mundo, segundo um princípio de aceitação da palavra de cada um, fundado em sua experiência e convidado à criação. Em consonância com esta proposta sustenta também vários laços com o campo da cultura, dos quais são testemunhos as reuniões com filósofos, artistas, teólogos, estudiosos das ciências políticas e outros pensadores.

ra que você não é mais que as letras que competem em seu nome com os vermes de cima e de baixo.

Você dá conselhos à criança criminosa[2]. Você o diz como criminoso? Um criminoso que se dirige a outros? Em que você se diferencia "de um pai que dá conselhos"? Certamente não são os que são esperados na série dos enunciados. Mas e a enunciação?

Ou será que li mal e o seu pedido como criança expulsa, aprisionada, marginalizada, é que outros colegas o acompanhem, ao menos diminuam a sua solidão?

Então você precisa de outros que estejam no seu caminho, até que o amem?

É verdade, você amou, exigiu e traiu.

Mais intenso o amor, mais escandalosa sua traição. Até o suicídio. Não o seu – ou também um pouco –, mas daquele que viveu com você na corda de um equilíbrio precário.

Mas voltemos para as suas crianças. Você precisa delas?

Ou é porque elas anunciam a sua própria traição?

Por exemplo, as honras, as recompensas, os elogios dos seus amigos – amigos? – poetas e pintores.

Mas vejamos, vamos ler melhor, quais são os seus conselhos: "Não aceitem carícias, não peçam bondade, nada de almofadas", é minha paráfrase traidora das suas frases.

"Se aceitaram cruzar o Rubicão, assumam a sua condição, não se deixem resgatar por aqueles a quem vocês ensinam outro horizonte que os assusta".

Bem, muito bem, nada de concessões para com a ordem que o excluiu.

Mas a sua escrita não diz algo diferente?

Para quem você escreveu páginas e páginas de alardes horríveis, que em sua forma invertida são também ostentações?

Desafio, você diria, você disse.

Mas então "eles" o interessam, ainda que seja para a vingança ou para a irrisão.

---

[2] Genet, Jean. *L'enfant criminel* (1949). Oeuvres completes. L'Arbalètte, 1958.

Por que você não foi só um criminoso? Há tantos que morrem em sua lei!

Você teria desaparecido como veio, nu, sem nome e sem amor. Ou, talvez, com o amor dos teus cupinchas que, no pequeno bando, se dizem – sem saber – soldados de uma Esparta menor.

Você escreveu e, pior ainda, publicou. Ou talvez tenha sido o seu modo de descobrir que as suas palavras entravam em colisão com o seu ato: "sou um desesperado, o protagonista mais ou menos distante dessas letras; publico e escrevo primeiro para viver. E para viver preciso da leitura de vocês e de um pouco mais do seu olhar, e um pouco mais... Horror. Também, de alguns, o amor".

Você pode me perguntar – faço isso em seu nome, você não tem defesa – se quero equipará-lo à maior parte dos homens? Você pode me dizer que cheguei tarde. O seu amigo Giacometti já lhe ensinou[3]. Ele lhe disse: "Você é lindo, como qualquer um, mais ou menos". Como isso impressionou você! No entanto, não foi suficiente para lhe impedir ou lhe tornar desnecessárias novas traições.

Você foi honesto – lamento, como todos – quando falou do quanto ficou abalado.

Talvez aí você tenha descoberto que em cada ser – humano, se diz – há algo valioso, até sagrado, mesmo que não tenha havido mãe ou pai no início da sua história.

Talvez essa frase tenha lhe cercado da tranqüilidade de um valor do qual você perdia a esperança, até exigi-lo na fórmula inversa da desvalorização: se para vocês eu não valho nada, serei o melhor lixo que vocês poderão cheirar.

Então voltemos aos seus conselhos: que as crianças criminosas não se deixem prender pelas mãos hipócritas da adaptação poderia ser um conselho banal, mas aceitável.

Em compensação, lhes propor que se identifiquem ao signo criminoso não é colocá-las na margem da cidade, que distingue nomes, lugares, condições, honras, riscos e destinos de cada um?

---

[3] Genet, Jean. *L'atelier d'alberto giacometti*. L'Arbalètte, 1963.

Ordem, é a primeira coisa que diz o militar de plantão quando dá um golpe.

Você não está contribuindo para a ordem quando convida os seus supostos amigos – não sei se vão lhe querer – a se cristalizarem onde foram colocados?

Traição, Jean, traição à sua experiência, que desdiz as suas palavras. Se hoje lembramos de você não é como abjeto, nem como criminoso, mas porque, além disso, você foi capaz de se superar e fazer da sua dor e da sua desgraça a ocasião para uma escrita que foi o seu argumento e a sua criação.

Crianças criminosas, digo finalmente a minha traição, aprendam com Genet, façam como ele, busquem os caminhos de sua obra, não se deixem prender nem nas doçuras enjoativas da adaptação, nem nas masmorras preparadas para os que devem garantir, com a presença de vocês na prisão, o espaço do-homem-honesto-abençoado-por-Deus.

2 – A clínica de nosso tempo deve ser aberta em um leque que vai do banal ao abjeto. Neste escrito, tratarei da abjeção quando se assemelha com a santidade. Lacan diz que se espera do analista uma posição que o aproxime da santidade. Sua última proposta, chamada *sinthôme*, o quarto nó, é homofônica a *saint homme*, a *saint Thome*, são Tomás, proposta de que o analista se aproxime dessa posição.

Vou me apoiar no texto de uma colega com quem mantenho uma relação de amizade e que esteve nesse espaço há muitos anos, Catherine Millot. Ela publicou, pela Paidós, *Gide-Genet-Mishima. La inteligencia de la perversión* [Gide-Genet-Mishima. A inteligência da perversão *]. Vamos tomar algumas citações do capítulo dedicado a Genet.

Jean Genet, escritor francês, contemporâneo dos tempos sartreanos, teve uma vida desgraçada. Não conheceu sua mãe, foi abandonado e enviado para uma casa onde foi criado, se fez pederasta, ladrão convicto, traidor e uma das figuras mais brilhantes da literatura dos anos 50-60. Na Argentina, houve várias apresentações da obra teatral "As criadas", que é baseada

* Publicado no Brasil pela Companhia de Freud, Rio de Janeiro, 2004. (NT)

numa versão, transformada pela arte, do famoso crime das irmãs Papin, sobre o qual Lacan escreveu um texto. Vou citar o capítulo que se chama "O grande écart" – nome de um passo de balé onde o bailarino separa ao máximo suas pernas e que faz alusão à posição subjetiva que exigia de seus amantes.

Começa com uma epígrafe do *Journal du voleur, Diário do Ladrão*, de Genet. Tentaremos situar qual é a posição subjetiva da abjeção:

> "Minha coragem consiste em destruir todas as habituais razões de viver e em descobrir outras"[4] .

Escreve Catherine Millot:

> "Existem duas vias para vencer a sorte mais contrária: a via comum do êxito, meritória na medida da deficiência que foi preciso superar, e aquela, mais rara, que consiste em exasperar o destino, até que este sofra uma espécie de inversão. Trata-se, aqui, de fazer da própria infelicidade uma vitória. As duas vias exigem vontade, tenacidade, rigor e coragem.
> Meninos encontrados, pupilos da Assistência Pública, Louis Cullafroy e Jean Genet foram ambos educados numa família de criação de Alligny-en-Morvan. O primeiro tornou-se dono de empresa. O segundo, ladrão, presidiário, homossexual. Por muita abjeção declarada, graças à escrita, ele teve a glória. 'Minha vitória é verbal', pôde ele afirmar."[5].

Procurei em um dicionário que dificilmente me falta, um dicionário em seis tomos, da enciclopédia Espasa-Calpe, que diz sobre a abjeção: vem do latim, *abjectio, abjectionis*. E diz *abatimento, humilhação*. A partícula *ab* é *separação* e *iacere, jogar, alguma coisa que se joga, que se atira*. Temos três elementos na abjeção. Há uma degradação, uma humilhação; há algo de uma separação, quer dizer que quem se coloca em posição abjeta sabe que

---

4 Millot, Catherine. "Gide-Genet-Mishima. La inteligencia de la perversión". Capítulo: El gran écart, p. 91. Editorial Paidós, Buenos Aires, 1998 [Foi utilizada a tradução brasileira da Companhia de Freud para as citações, embora os números de páginas continuem como no original espanhol. (NT)].

5 Idem.

ao mesmo tempo se separa do conjunto dos pensadores; e tem esse caráter de resíduo, do que está pronto para ser jogado.

Diz Catherine Millot, referindo-se à história de Genet e ao fato de ter nascido e não ter conhecido sua mãe:

> "Quando o amor nos foi de origem recusado, quando, no lugar da mãe, há um buraco, e dele somos oriundos, rebento deixado por conta desse vazio, só resta dessa posição de dejeto, se quisermos assumi-la, fazer milagres: inventar um novo amor que transfigure a abjeção. Este será o único a ser permitido. Ele também se chama vício"[6].

É como se alguém dissesse "vim ao mundo igualado à sujeira, à merda" – merda como sujeira, não como abono – "vou fazer com que a merda como sujeira passe a ser valiosa, me identifico a ela e levanto a sua bandeira, a edifico, farei dela a minha criação".

A vantagem de Genet é que escreveu e o fez abundantemente, e se é uma obra de arte deixa transparecer o sujeito no que podemos ler. Catherine Millot cita Genet, em seu primeiro livro, *Notre-Dame-des-Fleurs*:

> "O único meio de evitar o horror do horror é a ele se abandonar"[7].

Em *Pompas fúnebres*, texto que em castelhano está editado pela Corregidor, Pierrot recolhia minhocas para pescar. Leio um parágrafo para vocês irem conhecendo o personagem:

> "Uma noite, ele pegou no bolso algo duro e seco e o pôs na boca. O calor e a umidade bem rápido deram de novo sua moleza àquela minhoca encolhida que permanecera em seu bolso onde havia secado e que a escuridão não lhe permitira reconhecer. Ele se viu preso entre desmaiar de nojo ou dominar sua situação, querendo-a. Ele a quis. Obrigou a língua e o palato a experimentar sabiamente, pacientemente o contato repugnante. Aquela vontade foi sua primeira atitude de poeta, que o orgulho dirige. Ele tinha dez anos"[8].

---

6 Idem, p. 95.

7 Idem, p. 98.

8 Idem.

Há uma carta que Genet escreve para a criança criminosa, haviam-na solicitado para uma entrevista na rádio, que foi censurada. Nessa carta lhes diz (digo-o com minhas palavras): crianças criminosas, vocês escolheram um caminho, ultrapassaram uma barreira, escolheram enfrentar um mundo de hipocrisia, não recuem, não aceitem bons cuidados no reformatório, nenhuma clemência, tem que ser com rigor, com o pior, nada de ternura, o amor seria catastrófico. Escolheram um caminho, assumam-no.

Não receberam pacientes que lhes contam como se picam – para injetar a droga – duas ou três vezes e vocês se angustiam? "Mas podem morrer!". Outros com relações sexuais sem prevenção. E outra que vai para o quinto aborto. Ou aquele que ostenta "sua cota de aids".

Genet elogia a vida do mendigo que põe em prática a pompa da abjeção; convida a se ter "muito orgulho (isto é, amor) para embelezar esses personagens sujos e desprezados"[9]. Em um romance, conta que uma mendiga, que além de tudo ele veste muito mal, com a cabeça cheia de piolhos, poderia ser sua mãe.

Catherine Millot escreve:

> *"Trata-se de lhes dar, em e pela linguagem, um direito de asilo, de salvá-los da 'relegação', prestando-lhes 'as honras do nome'."* – Genet dá uma bela definição de talento, Freud não se atreveria a dizer nada sobre o talento, disse que parava aí – *"O talento é a polidez quanto à matéria, ele consiste em dar um canto ao que era mudo"*[10].

No caso de Genet, sua poesia dá palavra ao dejeto, ao resíduo extremo, dá a palavra à abjeção. Conta que certa vez a polícia o prende e o encontra com um frasco de vaselina – vocês podem supor o que isso significava para alguém reconhecidamente pederasta:

> "era o signo da própria abjeção, daquela que se dissimula com o maior cuidado, mas o signo ainda de uma graça secreta que logo ia me salvar do desprezo"[11].

---

9 Idem, p. 99.

10 Idem.

11 Idem, p. 100.

Esse objeto passa a ter o valor da idolatria, do fetiche. "Sim, sou pederasta e este é o meu símbolo". Como alguém leva um escudo, ele leva o frasco de vaselina.

Catherine Millot reflete acerca da posição do sujeito:

> "Mas o milagre mais alto é o milagre alquímico da transmutação da infelicidade em seu contrário. Escreve Genet – 'Quando se está só, de repente, diante de sua perda, repentina', no instante de pura luz que é o da queda, oferece-se a revelação da 'realidade da suprema felicidade no desespero'"[12].

É no momento de maior desespero que sobrevém o momento da felicidade suprema. Catherine Millot narra o relato de uma mística que, como parte de suas tarefas religiosas, se dedicava a lavar os pés dos leprosos; um dia sentiu o impulso de comer uma casca que boiava na água do lavabo, comeu-a, foi o momento de um gozo como nunca tinha tido.

Por hora, concluo com esta citação que fala de sua condição de ladrão:

> "'O fato de ser um ladrão me fazia crer na singularidade do ofício de ladrão. Eu me achava uma exceção monstruosa'. A culpa do ladrão exila Genet, ao passo que a homossexualidade o 'guardava numa solidão inabitual'. Mas esta culmina e se cumpre sem retorno na traição. Dar, roubar os amigos é 'uma queda mais profunda' que nenhuma outra. O sofrimento, a vergonha que nos consomem fazem então de nós 'de uma forma com linhas severas e nítidas, de uma matéria inatacável, uma espécie de diamante, justamente chamado solitário'. A solidão ou santidade 'se reconhece ainda nisto, é que ela conduz ao céu pela via do pecado', pelo 'avesso das virtudes comuns'"[13].

3 – Mas vou contar uma historieta que pode nos ajudar, de quando Genet muda de posição, o contínuo alarde do lugar da abjeção, a ostentação que o salva de ser tragado pelo furo da morte, o lugar da mãe que não teve. Um

---

12 Idem.

13 Idem, p. 101.

dia, enquanto viajava de trem – tem a ver com o tempo de sua reparação, quando Sartre lhe dedica seu livro, o que o deixa muito mal, o reconhecimento arruinava o lugar que havia construído como abjeto, entra em depressão, e sai com um amor que tem com um funâmbulo, um equilibrista que anda na corda bamba, a quem logo trai brutalmente – encontra-se com o olhar de outro homem pobremente vestido que o olha e lhe chega como uma mensagem: "somos iguais". A partir de então escreve um texto sobre Rembrandt e começa sua amizade como Alberto Giacometti, o escultor. Enquanto faz o seu retrato, Giacometti lhe diz "como você é bonito", e depois acrescenta "como todos", o diz com humildade. Giacometti dedicou anos e anos de sua vida a esculpir e a desenhar cabeças. A cólera com André Breton foi porque um dia ele desaprovou que continuasse desenhando e esculpindo cabeças, "uma cabeça é uma cabeça". Giacometti se ofendeu, para ele uma cabeça era muito mais, era uma coberta que, por efeito da arte, das mínimas linhas que podiam inscrevê-la em uma perspectiva cubista, de uma geometria que transforma o que chega do real, se observa portadora de um crânio, inerente à nossa vida, signo da morte. Genet conta que a partir dessa amizade não precisou mais da ostentação abjeta, descobriu na posição do artista, e em sua arte, que podia enfrentar tranqüilamente o furo do Real.

Lacan diz que o santo "décharite"; condensa dois termos: "déchéance", decadência, degradação, e outro que é "charité", caridade. O santo como o analista é aquele que suspende os pequenos gozos. E por que suspendemos gozos enquanto sustentamos nossa função, por ascetismo cristão, por sermos inibidos, tímidos ou fóbicos? Não, para sustentar nosso desejo. Genet, que renuncia aos pequenos gozos do mundo dos bens, dali contesta a hipocrisia do mundo, posição de santidade. Converte-se em santidade ligada a uma obra, senão não seria nada mais que um abjeto, como o Rubio de Judas Iscariote, obra de Roberto Arlt, que a única coisa que fez foi trair um amigo para ter algo valioso em sua existência, algo que o resgatasse de sua mediocridade.

Companhia de Freud editora

OBRAS PUBLICADAS

Psicanálise e Tempo
Erik Porge

Psicanálise e Análise do Discurso
Nina Leite

Letra a Letra
Jean Allouch

Mal-Estar na Procriação
Marie-Magdeleine Chatel

Marguerite ou "A Aimée" de Lacan
Jean Allouch

Revista Internacional nº 1
A Clínica Lacaniana
A Criança na Clínica Psicanalítica
Angela Vorcaro

A Feminilidade Velada
Philippe Julien

O Discurso Melancólico
Marie-Claude Lambotte

A Etificação da Psicanálise
Jean Allouch

Roubo de Idéias?
Erik Porge

Os Nomes do Pai em Jacques Lacan
Erik Porge

Revista Internacional nº 2
A Histeria

Anorexia Mental, Ascese, Mística
Éric Bidaud

Hitler – A Tirania e a Psicanálise
Jean-Gérard Bursztein

Littoral
A Criança e o Psicanalista

O Amor ao Avesso
Gérard Pommier

Paixões do Ser
Sandra Dias

A Ficção do Si Mesmo
Ana Maria Medeiros da Costa

As Construções do Universal
Monique David-Ménard

Littoral
Luto de Criança

Trata-se uma Criança – Tomos I e II
Congresso Internacional de Psicanálise e suas Conexões – Vários

O Adolescente e o Psicanalista
Jean-Jacques Rassial

— Alô, Lacan?
— É claro que não.
Jean Allouch

A Crise de Adolescência
Octave Mannoni e outros

O Adolescente na Psicanálise
Raymond Cahn

A Morte e o Imaginário na Adolescência
Silvia Tubert

Invocações
Alain Didier-Weill

Um Percurso em Psicanálise com Lacan
Taciana de Melo Mafra

A Fantasia da Eleição Divina
Sergio Becker

Lacan e o Espelho Sofiânico de Boehme
Dany-Robert Dufour

O Adolescente e a Modernidade – Tomos I, II e III
Congresso Internacional de Psicanálise e suas Conexões – Vários

A Hora do Chá na Casa dos Pendlebury
Alain Didier-Weill

W. R. Bion – Novas Leituras
Arnaldo Chuster

Crianças na Psicanálise
Angela Vorcaro

O Sorriso da Gioconda
Catherine Mathelin

As Psicoses
Philippe Julien

O Olhar e a Voz
Paul-Laurent Assoun

Um Jeito de Poeta
Luís Mauro Caetano da Rosa

Estética da Melancolia
Marie-Claude Lambotte

O Desejo do Psicanalista
Diana S. Rabinovich

Os Mistérios da Trindade
Dany-Robert Dufour

A Equação do Sonhos
Gisèle Chaboudez

Abandonarás teu Pai e tua Mãe
Philippe Julien

A Estrutura na Obra Lacaniana
Taciana de Melo Mafra

Elissa Rhaís
Paul Tabet

Ciúmes
Denise Lachaud

Trilhamentos do Feminino
Jerzuí Tomaz

Gostar de Mulheres
Autores diversos

Os Errantes da Carne
Jean-Pierre Winter

As Intervenções do Analista
Isidoro Vegh

Adolescência e Psicose
Edson Saggese

O Sujeito em Estado Limite
Jean-Jacques Rassial

O que Acontece no Ato Analítico?
Roberto Harari

A Clínica da Identificação
Clara Cruglak

A Escritura Psicótica
Marcelo Muniz Freire

Os Discursos e a Cura
Isidoro Vegh

Procuro o Homem da Minha Vida
Daniela Di Segni

A Criança Adotiva
Nazir Hamad

Littoral
O Pai

O Transexualismo
Henry Frignet

Psicose, Perversão, Neurose
Philippe Julien

Como se Chama James Joyce?
Roberto Harari

A Psicanálise: dos Princípios
Ético-estéticos à Clinica
W.R. Bion – Novas Leituras
Arnaldo Chuster

O Significante, a Letra e o Objeto
Charles Melman

O Complexo de Jocasta
Marie-Christine Laznik

O Homem sem Gravidade
Charles Melman

O Desejo da Escrita em Ítalo Calvino
Rita de Cássia Maia e Silva Costa

O Dia em que Lacan me Adotou
Gérard Haddad

Mulheres de 50
Daniela Di Segni e Hilda V. Levy

A Transferência
Taciana de Melo Mafra

Clínica da Pulsão
Diana S. Rabinovich

Os Discursos na Psicanálise
Aurélio Souza

Littoral
O conhecimento paranóico

Revista Dizer – 14
A medicalização da dor

Neurose Obsessiva
Charles Melman

A Erótica do Luto
Jean Allouch

Um Mundo sem Limite
Jean-Pierre Lebrun

Comer o Livro
Gérard Haddad

Do Pai à Letra
Hector Yankelevich

A Experiência da Análise
Norberto Ferreyra

A Fadiga Crônica
Pura H. Cancina

O Desejo Contrariado
Robert Lévy

Psicanálise de Crianças Separadas
Jenny Aubry

Lógica das Paixões
Roland Gori

Um Narrador Incerto, Entre o
Estranho e o Familiar
Lucia Serrano Pereira

Gide-Genet-Mishima
Catherine Millot

Dependência Química na Adolescência
Hélcio Fernandes Mattos

O Sexo Conduz o Mundo
Colette Chiland

Um Homem de Palavra
Nazir Hamad

A SEREM EDITADOS:

Os Nomes Indistintos
Jean-Claude Milner

O Caminhante Analítico
Victor Smirnof

Figuras do Real
Ginette Michaud

Do Amor do Outro ao Amor de Si
Patrick Delaroche

A Topologia de Lacan
Jean-Paul Gilson

O Conhecimento Paranóico
Revista Litoral

Letra e Pulsão de Morte
Andre Green

A Arte de Reduzir as Cabeças
Dany-Robert Dufour

Enigma do Incesto
Laure Rozen

O Inferno do Dever
Denise Lachaud

A Quarta Mulher
Paul Tabet

Lacaniana
Moutapha Safouan

Dez Conferências de Psicanálise
Moustapha Safouan

Estados de Abandono
Jacques André

Transferência e Estados Limites
Jacques André

Da Paixão
Jacques André

A Anatomia da Terceira Pessoa
Guy Le Gaufey

A Criança no Espelho (Freud Wallon Lacan)
Émile Jalley

A Sombra do Teu Cão:
discurso analítico – discurso lésbico
Jean Allouch

O Livro das Separações
Emílio Rodrigué

A Violência na Adolescência
Pierre Kamerer

O Próximo
Isidoro Vegh

Para uma Clínica do Real
Isidoro Vegh

A Significação do Falo
Diana Rabinovich

A Angústia e o Desejo do Outro
Diana Rabinovich

O Fracasso do Fantasma
Silvia Amigo

A Topologia de Jacques Lacan
Jean-Paul Gilson

As Figuras do Real
Patrick Delaroche

A Ambivalência Materna
Michele Benhaïm

IMPRESSÃO

GRÁFICA MARQUES SARAIVA
Rua Santos Rodrigues, 240 - Estácio / RJ
Telefax: (21) 2502-9498